CUENTOS
POR EL
clima

Papel certificado por el Forest Stewardship Council®

Primera edición: febrero de 2020

© 2020, Magela Ronda, por el texto
© 2020, Raquel Sánchez Pros, por las ilustraciones
© 2020, Penguin Random House Grupo Editorial, S. A. U.
Travessera de Gràcia, 47-49. 08021 Barcelona
Diseño de cubierta: Penguin Random House Grupo Editorial. Ilustraciones de Raquel Sánchez Pros

Printed in Spain – Impreso en España

ISBN: 978-84-204-5330-9
Depósito legal: B-27.550-2019

Compuesto por Negra

Impreso en Gómez Aparicio, S.L.
Casarrubuelos (Madrid)

AL 5 3 3 0 B

Penguin
Random House
Grupo Editorial

Magela Ronda
Raquel Sánchez Pros

CUENTOS POR EL clima

GENTE PEQUEÑA,
HACIENDO COSAS PEQUEÑAS,
PUEDE SALVAR EL PLANETA

ALFAGUARA

Para Ángel,
inventor de papeles ecológicos,
guardián de los bosques,
«reciclador» implacable
y devoto del alioli.

Magela Ronda

INTRODUCCIÓN

Érase una vez un planeta azul en el que sus habitantes convivían en armonía con la naturaleza. Los árboles crecían fuertes; los océanos, limpios y los campos, fértiles. En ese planeta se respetaba a los animales, se cuidaba el aire y hacía ya muchos años que se habían prohibido los plásticos, las energías contaminantes y los productos tóxicos. Todos los países del mundo habían adoptado una economía circular, sostenible y justa, basada en un consumo responsable e inteligente. Empresas, gobiernos y ciudadanos estaban unidos por un objetivo común: proteger los recursos naturales para las generaciones futuras.

Ese planeta, por desgracia, no era la Tierra.

FIN

La realidad de nuestro planeta es otra muy distinta, una realidad peligrosa que debemos aceptar y afrontar con urgencia. Hace ya algunos años, científicos y organizaciones ecologistas dieron la voz de alarma y empezaron a advertirnos de las terribles consecuencias que tiene para la Tierra la manera en la que la especie humana se comporta con el planeta. Casi nadie los escuchó y casi nadie creyó lo que decían. Los seres humanos continuamos vertiendo basura en el mar, en la atmósfera, en el suelo... Y continuamos viviendo, comprando y contaminando nuestro presente sin pensar ni imaginar los efectos que esto tendría en el futuro de todos.

Por suerte, aquellos primeros hombres y mujeres siguieron defendiendo la Tierra, gritando y denunciando las injusticias medioambientales. A sus voces se fueron sumando otras, cada vez más, hasta que resultó imposible no escucharlas. Y, por fin, el mundo entero atendió la llamada de socorro del planeta. Era una llamada urgente, pero aún estamos a tiempo.

Sin duda, algo ha cambiado. Estrenamos una nueva etapa, una etapa más consciente, responsable y comprometida. Millones de personas en todo el mundo llenan las calles reivindicando su derecho a un planeta limpio, justo y sostenible. No está todo perdido, pues aún queda espacio para la esperanza y todos, juntos, podemos cambiar el destino de la Tierra. No es una tarea sencilla: se necesita el esfuerzo de todos, desde gobiernos y empresas hasta el ciudadano de a pie. Cada uno de nosotros tiene las herramientas para colaborar en esta lucha global; no importa lo pequeño que sea el gesto, todo suma.

Todos podemos y debemos colaborar. Se lo debemos a las generaciones del futuro y, sobre todo, al planeta.

Ojalá muy pronto podamos cambiar el final del cuento y contar que «ese planeta era la Tierra». Yo quiero verlo... ¿Y tú?

ÍNDICE

ALFRED BROWNELL

LIBERIA, 1965

Érase una vez un abogado ambientalista que se enfrentó al Gobierno de su país para detener a las empresas que producían aceite de palma de forma no sostenible. Y ese enfrentamiento le costó el exilio.

Alfred nació y creció en Liberia, un pequeño país en la costa oeste de África conocido como «el pulmón de África occidental», con más de un 32 % de territorio boscoso. Esos bosques tropicales contribuían a eliminar carbono de la atmósfera y en ellos habitaban especies en peligro de extinción, como chimpancés, hipopótamos pigmeos y elefantes. Ese paraíso natural estaba amenazado por las concesiones del Gobierno de Liberia a empresas mineras, madereras y de aceite de palma.

Entre aquellas empresas estaba GVL (Golden Veroleum Liberia), que, para cultivar sus plantaciones de aceite de palma, taló bosques comunitarios y destruyó lugares sagrados sin previo aviso ni compensación adecuada.

Cuando Alfred se dio cuenta de lo que estaba ocurriendo fundó la ONG Green Advocates con la intención de ayudar a las comunidades locales a proteger sus derechos humanos y ambientales. Alfred sabía que la empresa GVL necesitaba la certificación de la Mesa Redonda sobre Aceite de Palma Sostenible (RSPO); sin el visto bueno de este organismo no podría vender su aceite a sus compradores habituales. En 2012 el abogado presentó una queja ante la Mesa denunciando la mala práctica ambiental de GVL. Tras años de juicios y apelaciones, la Mesa le dio la razón a Alfred, y más de dos mil kilómetros cuadrados de bosque se salvaron de la tala.

A Alfred esa victoria le obligó a emigrar a Estados Unidos debido a las amenazas de muerte sobre él y su familia. Pero él sabe que, algún día, regresará.

Mientras estás disfrutando del sabor del aceite de palma y de la felicidad y la alegría que te trae a ti y a tu familia en este lado del mundo, está lloviendo destrucción en el otro lado.

AL GORE

WASHINGTON D. C. (EE. UU.), 31 DE MARZO DE 1948

Érase una vez un político retirado, convertido en activista por el clima, que en 2006 le gritó al mundo una verdad incómoda: la mayor amenaza a la que se enfrenta la humanidad es el cambio climático.

Al Gore fue vicepresidente de los Estados Unidos y candidato del Partido Demócrata a las elecciones de 2000, que perdió ante su oponente, George W. Bush. Tras la derrota, Al se retiró de la política activa y se dedicó a la lucha contra el cambio climático. No era una lucha nueva para él, pues se había preocupado por los temas medioambientales desde sus inicios en la política en 1976, cuando empezó a hablar en el Congreso sobre cambio climático, residuos tóxicos y calentamiento global. Además, ayudó a redactar el Protocolo de Kioto, un tratado internacional diseñado para frenar las emisiones de gases de efecto invernadero.

En 2006 estrenó el documental que le hizo mundialmente conocido: *Una verdad incómoda*, en el que mostraba al mundo las causas del calentamiento global y los efectos derivados de la actividad humana: temperaturas en ascenso, deshielo de los polos, fenómenos meteorológicos extremos, aumento del nivel del mar, etc. En aquel momento le acusaron de alarmista, embaucador y le llamaron «millonario del carbono». Por desgracia para el planeta, el tiempo y la ciencia acabaron dándole la razón.

Algo más de diez años después, se estrenó la segunda parte: *Una verdad muy incómoda: ahora o nunca*, en el que se explican los progresos que se han hecho para acometer este problema global y los esfuerzos de Al para persuadir a los líderes mundiales de invertir en energía renovable.

Como premio a sus esfuerzos por llamar la atención del mundo sobre los peligros del calentamiento global, Al Gore recibió el Premio Nobel de la Paz de 2007.

Si no cambiamos hacia la sustentabilidad, seguramente nuestros hijos y nietos dirán a las generaciones pasadas: «¿En qué estabais pensando?».

AMIGOS DE LA TIERRA

ROSLAGEN (SUECIA), 1971

Érase una vez un grupo de ecologistas de Francia, Suecia, Reino Unido y Estados Unidos que sintieron la necesidad de crear una organización que se extendiese más allá de las fronteras de los países y trabajase por el medioambiente a nivel global.

Casi cincuenta años después, Amigos de la Tierra Internacional está formada por más de setenta y seis grupos nacionales y más de dos millones de socios y seguidores en todo el mundo. En España, la ONG se instaló en 1979 y es una de las «cinco grandes» organizaciones junto con SEO/Birdlife, Ecologistas en Acción, Greenpeace y WWF.

Desde el inicio de su actividad, los grupos de Amigos de la Tierra de todo el mundo desarrollaron de forma conjunta y coordinada campañas sobre diversos problemas ambientales y sociales como la pérdida de biodiversidad, el cambio climático, la lucha contra los transgénicos o superar la dependencia de los recursos fósiles.

Y no solo eso, pues sus acciones a nivel local han sido igualmente importantes y se han esforzado en poner en marcha campañas para involucrar a los ciudadanos en la lucha por el medioambiente y en aportar soluciones para lograr un mundo más justo, porque, como dicen ellos: «Una ciudadanía informada y comprometida es la mejor garantía de cambio: un cambio por la gente y por la Tierra».

Otra de las herramientas principales del trabajo de Amigos de la Tierra es la presión política, pues consideran que el control que ejercen las grandes multinacionales sobre nuestros gobiernos ha de ser contrarrestado por la sociedad civil. Las personas y la Tierra deben ser el centro de las políticas.

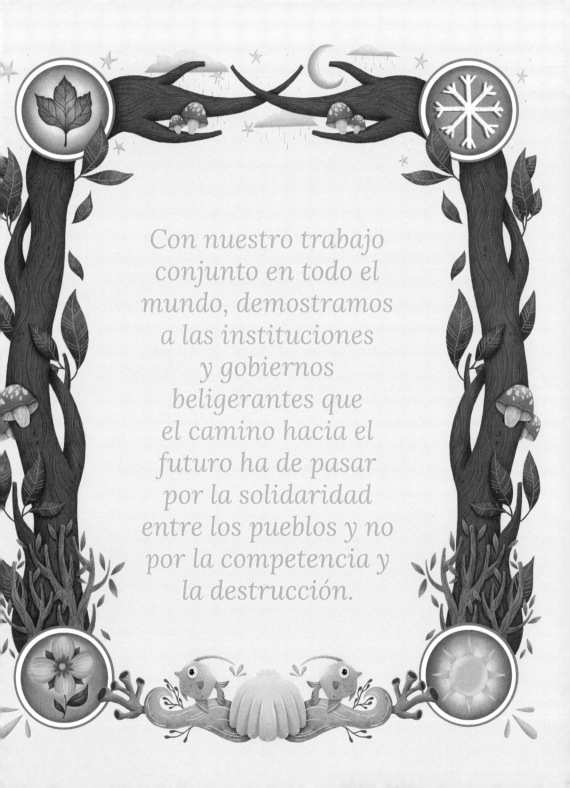

Con nuestro trabajo conjunto en todo el mundo, demostramos a las instituciones y gobiernos beligerantes que el camino hacia el futuro ha de pasar por la solidaridad entre los pueblos y no por la competencia y la destrucción.

ANDONI CANELA

TUDELA (ESPAÑA), 1969

Érase una vez un hombre que miraba la naturaleza a través del objetivo de su cámara. Un viajero incansable, compañero de felinos, osos, lobos y cualquier especie animal en peligro de extinción. Nadie ha sabido captar como él la vida salvaje de nuestro planeta.

Gran enamorado y defensor de la naturaleza, Andoni ha recorrido los cinco continentes, cámara en mano, siguiendo el rastro de los animales más escurridizos. Su intención no era solo lograr una instantánea hermosa, sino también denunciar los peligros a los que se enfrentan los animales a causa de la acción depredadora del ser humano y de los efectos del cambio climático.

En 2013, Andoni, su mujer, Maritxell Margarit, y sus dos hijos, Unai y Amaia, de nueve y tres años, hicieron las maletas dispuestos a vivir una aventura extraordinaria: querían retratar a las siete especies de animales más amenazadas de cada continente y concienciar sobre la rápida destrucción de los hábitats naturales y de las especies que los habitan. Durante un año y medio, los cuatro recorrieron más de cien mil kilómetros a lo largo y ancho del mundo, viviendo en santuarios como la Patagonia, el delta del Okavango o la Gran Barrera de Coral australiana. Cumplieron su objetivo y convirtieron su increíble experiencia en un documental: *El viaje de Unai*.

En la película, el hijo de Andoni, Unai, narra con la voz y la mirada inocente de un niño de nueve años las maravillas y las atrocidades de las que es capaz el ser humano. La primera parada de su viaje fue Namibia, donde buscaban a los elefantes del desierto, y Unai decía: «La gente mata a los elefantes para quedarse con sus colmillos. Me da mucha pena que esto ocurra». Alto y claro.

La naturaleza es una escuela para la vida que sirve para todo.
Y aprendes a observar. Mientras esperas a un animal, te fijas
en cómo se mueve el sol, dónde está el norte y en toda la vida
que habita en ese lugar.

BAYARJARGAL AGVAANTSEREN

RASHAANT (MONGOLIA), 11 DE ENERO DE 1969

Érase una vez un felino elegante y escurridizo que habitaba en altas y escarpadas montañas. Al leopardo de las nieves se le conocía como «el fantasma de las montañas» y estaba a punto de extinguirse.

Cuando Bayarjargal descubrió que solo quedaban siete mil leopardos de las nieves en libertad y que estaban amenazados por la pérdida de su hábitat, la caza furtiva, los ataques de los campesinos y el cambio climático, emprendió una dura lucha para crear en Mongolia un espacio seguro para este felino único e irremplazable.

En 2009, Bayarjargal se enteró de que el Gobierno de Mongolia iba a ceder toda la cordillera de Tost a empresas mineras. Aquel era el territorio del leopardo y la llegada de explotaciones mineras podía suponer su extinción definitiva. Bayarjargal atacó el problema por todos sus frentes. Primero, demostró a las tribus nómadas que las empresas mineras no iban a darles más ingresos ni mejores trabajos. Después, lanzó una campaña en medios de comunicación para tratar de convencer al Gobierno. Tardó años, pero, por fin, en 2016, el Parlamento anuló las licencias mineras y creó la Reserva Natural Tost-Tosonbomba.

Pero no bastaba solo con la creación de la reserva. Bayarjargal fundó la ONG Snow Leopard Enterprises e ideó un sistema de trabajo con las comunidades rurales; estas se comprometían a no matar más leopardos y a elaborar artesanía que la ONG compraba para venderla en tiendas de todo el mundo. Bayarjargal sabía que solo trabajando con las comunidades locales se solucionaría el conflicto entre ellas y los leopardos.

No somos los únicos seres vivos del planeta y debemos coexistir con las demás especies si queremos sobrevivir.

→ BEA JOHNSON ←
Zero Waste

BESANÇON (FRANCIA), 1974

Érase una vez un pequeño frasco de cristal donde caben todos los residuos que genera una familia de cuatro personas en un año entero. Y, aunque parezca imposible, no es un frasco mágico, es tan normal y tan real como Bea Johnson y su familia.

Mientras esperaban a que su nueva casa estuviera lista, los Johnson guardaron todas sus cosas en un almacén y se fueron a vivir a un pequeño apartamento. Entonces se dieron cuenta de lo poco que necesitaban realmente para vivir.

Ese fue el principio de un viaje hacia el «Residuo Cero» (en inglés: *Zero Waste*), el concepto que Bea desarrolló y popularizó en todo el mundo. Este movimiento se basa en la llamada «economía circular», que imita el modelo de la naturaleza, donde nada se desperdicia y todo se reutiliza, para hacer lo mismo con todos los productos que usamos en nuestra vida diaria.

Primero, los Johnson dejaron de utilizar bolsas de plástico, luego todos los plásticos de un solo uso, compraban solo productos biodegradables, etc. Y, así, Bea fue pensando y probando su método, que se resume en cinco reglas básicas:

1. Rechazar lo que no necesitas.
2. Reducir lo que realmente necesitas.
3. Reutilizar.
4. Reciclar solo lo que no se reúsa, reduce y reutiliza.
5. Compostar (*rot*), es decir, utilizar los desechos alimentarios como abono para tus plantas o tu jardín.

Se calcula que cada persona genera de media 1,5 kilos de residuos diarios, unos 440 kilos anuales. Bea consiguió reducir esa cantidad al tamaño de un frasco.

Por definición, cuanto menos tienes, menos hay que almacenar, limpiar y mantener. El principal beneficio ha sido tener una vida mejor. Descubrimos la vida a través del ser y no del tener.

BERTA CÁCERES

LA ESPERANZA (HONDURAS), 4 DE MARZO DE 1973 – 2 DE MARZO DE 2016

Érase una vez una tierra hermosa, un río sagrado y un pueblo indígena guardián de las tradiciones antiguas: el pueblo lenca. Ese lugar se llama Honduras y allí nació, vivió y luchó una valiente mujer lenca llamada Berta.

Desde muy joven, Berta peleó por los derechos de su pueblo. En 1993 cofundó el Consejo Cívico de Organizaciones Populares e Indígenas de Honduras (COPINH), una organización que trabajaba por la defensa del medioambiente, el rescate de la cultura lenca y por mejorar las condiciones de vida de la población.

Por desgracia, hay países en los que ser activista y defensor de los derechos humanos es una labor muy arriesgada. Sucedió que un grupo de indígenas lencas, preocupados por la llegada de máquinas y material de construcción a su región, pidieron ayuda al COPINH. Berta descubrió que se trataba de una alianza comercial de varias empresas para construir cuatro presas en el río Gualcarque. Estas empresas se habían saltado la ley, pues no habían pedido la aprobación de la comunidad local. Berta y su organización denunciaron el proyecto ante el Gobierno y la comunidad internacional. Como respuesta, la Policía, los militares y las compañías comerciales montaron una campaña en su contra, los persiguieron, los amenazaron e incluso los dispararon cuando protestaban pacíficamente.

La madre y los hijos de Berta tuvieron que abandonar el país. Berta se quedó para seguir luchando e intentó protegerse de las amenazas durmiendo cada día en un lugar distinto… Pero, finalmente, unos sicarios entraron en su casa y la asesinaron.

La muerte de Berta fue como si un grito de dolor saliera de la tierra, del río y del corazón de su pueblo. Ella murió, pero su legado y su lucha siguen vivos.

Dar la vida de múltiples formas, por la defensa de los ríos, es dar la vida para el bien de la humanidad y de este planeta.

BERTA ZÚÑIGA CÁCERES

HONDURAS, 24 DE SEPTIEMBRE DE 1990

Érase una vez una mujer valiente, criada por una madre valiente que murió por defender sus ideas. Ambas tenían el mismo nombre, la misma alma y el mismo deseo de luchar contra la injusticia.

Berta Zúñiga Cáceres era hija de Berta Cáceres, la activista hondureña que luchó por defender los derechos del pueblo lenca y se enfrentó a poderosas empresas para frenar la construcción de la presa de Agua Zarca. Tras la muerte de su madre, Berta ocupó su puesto en el Consejo Cívico de Organizaciones Populares e Indígenas de Honduras (COPINH) y desde allí continuó la lucha social y medioambiental, en especial contra la construcción de los grandes proyectos que amenazan los derechos y el modo de vida del pueblo lenca. Continuaba siendo un trabajo peligroso y, a las pocas semanas de incorporarse al COPINH, el coche en el que viajaban Berta y otros miembros de la organización fue atacado por unos desconocidos armados. Afortunadamente, lograron salir con vida del atentado.

Berta se dedicó también a exigir justicia para su madre e impulsó la investigación de su asesinato reclamando a nivel nacional e internacional una indagación en profundidad del crimen. A través de conferencias, entrevistas o campañas en medios de comunicación, Berta denunció cómo el Gobierno de su país seguía acosando a quienes defienden el territorio y, a menudo, con la complicidad de otros países, más preocupados por salvaguardar sus intereses económicos en Honduras que por respetar los derechos humanos.

Berta mantuvo vivo el legado de su madre: continuar la lucha y no rendirse ante las injusticias y ante la impunidad de los más poderosos en su país y en toda Latinoamérica.

No se trata de una lucha inmediata sino universal. Mi madre me enseñó el verdadero sentido de la justicia, que tiene que ver con crear unas condiciones de vida óptimas para nuestros pueblos.

BEYOND MEAT e IMPOSSIBLE FOODS

EE. UU., 2009 Y 2011

Érase una vez una hamburguesa y una salchicha que no eran ni una hamburguesa ni una salchicha porque no estaban hechas de carne animal, sino de «carne» vegetal.

Algo tan impensable es lo que consiguieron las empresas Beyond Meat e Impossible Foods, ganadoras del premio Champions of the Earth (Campeones de la Tierra), otorgado por el Programa de las Naciones Unidas para el Medio Ambiente. Ambas empresas elaboraban carne de origen vegetal, que te parece, huele y sabe a carne animal, pero que se realiza a partir de plantas. La carne que comemos está compuesta de aminoácidos, lípidos, minerales y agua. Los animales usan sus sistemas digestivo y muscular para convertir la vegetación y el agua en carne. En estas empresas conseguían esos «ingredientes» directamente de la planta sin utilizar al animal.

Pero ¿qué tiene que ver el consumo de carne con el medioambiente y el calentamiento global? Mucho. Se sabe que los gases de efecto invernadero provenientes de la ganadería son un 85 % más nocivos que los procedentes de los vehículos. La industria cárnica emite más gases de efecto invernadero que todos los coches, camiones, barcos, trenes y aviones juntos. Además, el 70 % de la superficie de la tierra dedicada a la agricultura se destina a la alimentación del ganado y no del ser humano, por eso se afirma que la ganadería es la principal causa de la deforestación. Un ejemplo: el 80 % de la deforestación del Amazonas se atribuye a la industria ganadera.

Se necesitan 10 kilos de alimentos vegetales para producir 1 kilo de alimento de origen animal. Más ejemplos: hacen falta 15.400 litros de agua para producir 1 kilo de ternera; 8.700 litros para 1 kilo de cordero; 6.000 litros para 1 kilo de cerdo y 4.300 litros para 1 kilo de pollo.

**Declaración
de la ONU de 2010:**

Se espera que el impacto
medioambiental, debido
a la agricultura, aumente
sustancialmente debido al
crecimiento de la población que
consume productos animales [...].

Una disminución sustancial de
este impacto solo sería posible con
un sustancial cambio en la dieta,
alejándose del consumo
de productos derivados de
animales.

BLANCA JEANNETTE KAWAS

TELA (HONDURAS), 16 DE ENERO DE 1946 – 6 DE FEBRERO DE 1995

Érase una vez una ciudad rodeada de playas de arena blanca, manglares, bosques inundables y más de mil especies autóctonas de plantas y animales. En ese maravilloso lugar nació y creció una mujer cuyo destino fue defender la tierra que amaba.

Jeannette creó la Fundación para la Protección de Lancetilla, Punta Sal, y Texiguat (PROLANSATE) con la intención de detener la tala ilegal de madera y proteger la biodiversidad en la bahía de Tela, en la costa caribeña de Honduras. La Fundación promovió la creación de un parque nacional en la zona de Punta Sal, denunció los daños a diversas áreas protegidas y se opuso a proyectos empresariales que atentaban contra el medioambiente. Estas luchas enfrentaron a Jeannette con algunos dirigentes de la Unión Nacional Campesina (UNC), que pretendían establecer a miles de familias dentro de la Reserva Natural de Punta Sal, y con empresarios agrícolas fabricantes de aceite de palma.

La noche del 6 de febrero de 1995, dos hombres armados entraron en su casa y la dispararon. Ante la negativa del Gobierno a investigar el crimen, intervino la Corte Interamericana de Derechos Humanos, que en 2009 ordenó al Estado hondureño aclarar la muerte de Jeannette, hacer un acto público de reconocimiento de responsabilidad, poner en marcha una campaña nacional de concienciación acerca de la importancia de la labor de quienes defienden el medioambiente y construir un monumento a la memoria de Jeannette.

El Parque Nacional de Punta Sal pasó a llamarse Parque Nacional Jeannette Kawas y hoy en día es un espacio protegido.

Como decía siempre Jeannette: «Un beso, un abrazo y una flor».

BOYAN SLAT

DELFT (PAÍSES BAJOS), 27 DE JULIO DE 1994

Érase una vez un inquieto muchacho que, un verano, se fue de vacaciones a Grecia. Durante una sesión de buceo se dio cuenta de que en aquel mar tan hermoso había más plásticos que peces. Aquella visión le asombró tanto que sintió que tenía que hacer algo.

Boyan comenzó un proyecto de investigación en el instituto sobre la contaminación causada por el plástico. El objetivo era sacar el plástico del océano, llevarlo a tierra y reciclarlo, pero ¿cómo se podía hacer? Utilizar barcos y redes sería muy costoso, generaría demasiadas emisiones de CO_2 y sería peligroso para la fauna marina... Boyan averiguó que en el año 2020 habrá más de 7,5 millones de toneladas de plástico en el océano. Conocía las dimensiones del problema, pero aún no tenía la solución.

Al acabar el instituto, decidió dedicarse por completo a desarrollar un sistema para limpiar el océano. Se había propuesto eliminar la gran isla de basura que flota en el Pacífico en tan solo cinco años. Aquella isla tenía tres veces el tamaño de Francia y, según los expertos, era imposible eliminarla en tan poco tiempo. En 2013 fundó The Ocean Cleanup Foundation, una organización sin ánimo de lucro, y, por fin, desarrolló su idea: un sistema pasivo de recolección de basura que se mueve con las corrientes marinas.

El sistema consistía en una tubería de 600 metros de largo en forma de U que flotaba sobre la superficie del agua y una pantalla cónica impenetrable de 3 metros de profundidad unida debajo. Se movía con las corrientes, no necesitaba combustible y los animales no se quedaban enredados. Después de años de investigación y pruebas, Boyan y sus compañeros están seguros de que podrán eliminar el 90 % del plástico del océano para 2040.

Una vez existió la Edad de Piedra, la Edad de Bronce y ahora estamos en el medio de la Edad de Plástico, porque cada año producimos 300 millones de toneladas.

CHICO MENDES

Érase una vez una selva hermosa y fértil declarada patrimonio de la humanidad. Ese extraordinario lugar es el Amazonas y se le llama el «pulmón del planeta», porque la Tierra lo necesita para respirar.

En esa selva trabajaba Chico desde los nueve años. Era un *seringueiro*, que es como se llama a los recolectores de caucho de los árboles. Este era un trabajo duro, respetuoso con la naturaleza... y peligroso.

El Amazonas estaba amenazado por los buscadores de oro y por los grandes terratenientes que compraban tierras ilegalmente, sin importarles que estuvieran habitadas por tribus indígenas. Provocaron incendios, mataron a personas y ganado, talaron árboles de forma masiva y convirtieron aquellas tierras fértiles en un desierto.

Chico no podía quedarse quieto ante tanta injusticia y destrucción e impulsó las primeras movilizaciones de *seringueiros*. Estas movilizaciones se llamaban «empates» y eran acciones de resistencia pacífica para evitar la tala de árboles y los incendios provocados. Se hicieron famosos en todo el mundo y, gracias a ellos, quedó al descubierto la política de vulneración de los derechos humanos y medioambientales del Gobierno de Brasil.

Los terratenientes respondieron con violencia al movimiento de los *seringueiros* y, en diciembre de 1988, asesinaron a Chico Mendes en su casa de Xapuri.

En lo profundo del Amazonas, habita un pájaro: el mosquerito de Chico Mendes, que debe su nombre a un hombre valiente que dio su vida por la selva. Hoy en día, ese pájaro sigue cantando y denunciando la continua destrucción de la selva amazónica.

Al principio pensaba que estaba luchando para salvar los árboles de caucho. Luego pensé que estaba luchando para salvar la selva amazónica. Ahora me doy cuenta de que estoy luchando por la humanidad.

CHRISTIANA FIGUERES

SAN JOSÉ (COSTA RICA), 7 DE AGOSTO DE 1956

Érase una vez una mujer que recibió un complicado encargo: convencer a ciento noventa y seis países de la necesidad de abandonar los combustibles fósiles causantes del calentamiento de la Tierra. Parecía una tarea imposible, pero, como decía Christiana: «Imposible no es un hecho, es una actitud».

Christiana se dio cuenta de que algo no iba bien cuando llevó a sus hijas a la Reserva Biológica de Monteverde, en Costa Rica, para enseñarles uno de sus animales preferidos: la rana dorada. No pudieron verla. La rana dorada era una de las muchas especies animales extinguidas. Christiana imaginó cómo sería el planeta que heredarían sus hijas, y esa visión fue, sin duda, la de un mundo peor.

Christiana estudió sobre el tema, habló con científicos, se convirtió en una de las mayores expertas del mundo en el cambio climático... y aceptó aquel complicado encargo. Tras el fracaso de la Cumbre del Clima de Copenhague en 2010, parecía imposible convencer a los gobiernos de que el cambio climático era una realidad y había que poner en marcha medidas urgentes. Hasta que Christiana y su diplomacia entraron en juego. Fue nombrada secretaria ejecutiva de la Convención Marco de Naciones Unidas sobre el Cambio Climático, y trabajó buscando formas de mostrarle a cada país los beneficios que podría obtener de luchar contra el cambio climático. Lo logró, los convenció y organizó el Acuerdo de París de 2015, en el que ciento noventa y cinco países se comprometieron a hacer lo posible para que la temperatura global del planeta no suba por encima de 1,5 °C a finales de siglo.

Un éxito para Christiana, pero, sobre todo, una esperanza para el planeta.

Los próximos cinco años cambiarán la vida en la Tierra durante los siguientes trescientos años.

CONSUELO SOTO

SAN FRANCISCO DE LOCOMAPA (HONDURAS)

Érase una vez una mujer tan resistente como la tierra a la que pertenecía. Una mujer indígena, de la etnia tolupán, en Honduras. Se dice que el pueblo tolupán fue uno de los primeros habitantes de esas regiones y que viven allí desde hace más de siete mil años, antes incluso que los mayas.

La lucha de Consuelo comenzó un mal día de 2002, cuando llegaron las primeras industrias mineras y madereras a las tierras donde habitaban las treinta y dos tribus tolupán. Era una zona de gran riqueza natural, y esa riqueza había atraído a empresas que pretendían adueñarse del territorio para extraer madera y antimonio. Desconsoladas y preocupadas al comprobar cómo los árboles y la riqueza natural desaparecían, las tribus tolupán denunciaron la explotación ilegal ante la Fiscalía de Etnias, la Policía y todos los organismos que pudieron. Nadie les hizo caso y, entonces, decidieron continuar sus protestas en la calle.

La lucha por la justicia medioambiental en Honduras es una labor muy peligrosa. Según organismos de vigilancia de los derechos humanos internacionales como Global Witness, se considera que Honduras es el país más peligroso del mundo para los ecologistas. Varios activistas, compañeros de Consuelo, murieron en las manifestaciones o en ataques de sicarios pagados por las empresas madereras y mineras, entre ellos, el marido de Consuelo.

A pesar de todo, el pueblo tolupán no ha dejado nunca de pelear por sus derechos y de defender los bosques y los ríos. El trabajo de Consuelo como activista medioambiental contribuyó a detener la instalación de una mina de antimonio en su territorio y fue un potente altavoz de los indígenas más pobres.

Nosotras, las mujeres indígenas, no hemos sido casi tomadas en cuenta. Nos han dicho que nos debemos quedar en la casa cocinando, pero ya nos hemos despertado y estamos capacitadas para poder defendernos a nosotras y a nuestros derechos.

COVERING CLIMATE NOW

EE. UU., 2019

Érase una vez dos periodistas y tres periódicos estadounidenses que decidieron alzar la voz para escribir, contar y difundir la historia más urgente y quizá más importante de nuestro tiempo: la crisis climática.

En menos de un año, más de trescientos cincuenta medios de comunicación de todo el mundo se unieron a esta iniciativa periodística mundial y todos juntos sumaron una audiencia de más de mil millones de personas.

Los periodistas eran Mark Hertsgaard y Kyle Pope, que, junto con los diarios *The Nation*, *The Guardian* y *Columbia Journalism Review*, se dieron cuenta de que los medios de comunicación mundiales no estaban publicando noticias sobre los efectos del cambio climático con la frecuencia y el rigor necesarios.

Mark y Kyle estaban convencidos de que vivimos un tiempo histórico decisivo en el que la labor de divulgación de periódicos, revistas, radios, agencias de noticias, televisiones, etc., es esencial, no solo para concienciar y empoderar a los ciudadanos del planeta convenciéndolos de que es el momento de pasar a la acción, sino también para llevar la voz de esos ciudadanos a gobiernos e instituciones, obligándolos a responder con soluciones a los problemas de la crisis climática.

La agrupación Covering Climate Now promueve encuentros entre periodistas, científicos, activistas y expertos en diferentes ámbitos para debatir sobre la mejor manera de divulgar la información acerca de la crisis climática y sus posibles soluciones.

Entre los medios de comunicación españoles que se han unido a esta iniciativa se encuentran *El País*, *La Razón*, *Climática*, *Ethic*, *Eulixe*, *Play Ground*, *El Tiempo*, *Travindy*, *TV3* y *Catalunya Ràdio*.

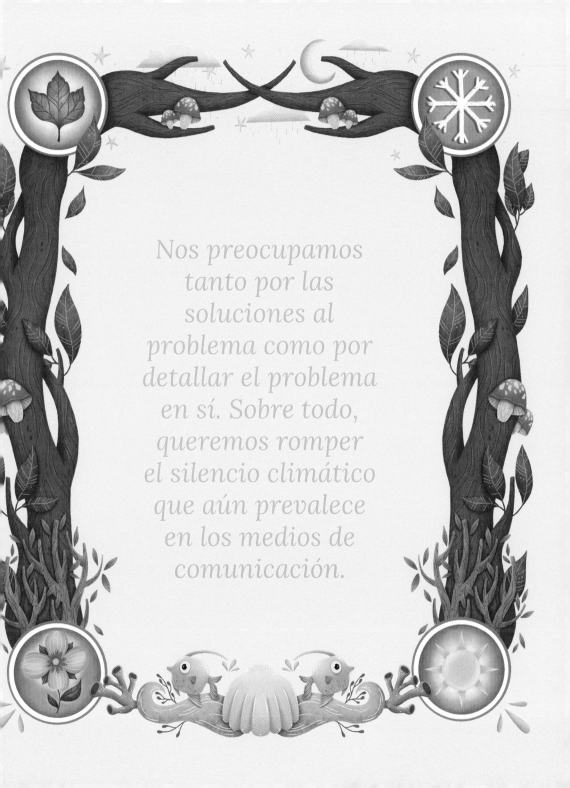

Nos preocupamos tanto por las soluciones al problema como por detallar el problema en sí. Sobre todo, queremos romper el silencio climático que aún prevalece en los medios de comunicación.

DAVID HOLMGREN

FREMANTLE (AUSTRALIA), 1955

Érase una vez un hombre interesado en la ecología y, en especial, en las relaciones entre el ser humano y los sistemas naturales. De ese interés y de las conversaciones con su amigo Bill Mollison surgió un nuevo concepto: permacultura.

David definía la permacultura como un sistema de diseño para la creación de medioambientes humanos sostenibles que fueran, además, ecológica y económicamente viables, y añadía: «La gente mayor que todavía está conectada al campo diría que la permacultura es sencillamente sentido común. Y mi respuesta es que gran parte de la permacultura es efectivamente sentido común, pero este "sentido común" ha dejado de ser común hoy en día».

La permacultura, tal como David y Bill la concibieron, está basada en tres principios éticos fundamentales:

1. Cuidado de la tierra. Conservar los bosques, el suelo y el agua. Sin una tierra sana, los seres humanos no podrían prosperar.
2. Cuidado de las personas. Ocuparse de uno mismo, de los familiares y de la comunidad.
3. Repartición justa. Redistribuir los excedentes y a la vez poner límites al crecimiento y al consumo para evitar que los recursos se agoten.

David y Bill recogieron esta nueva filosofía en un libro: *Permacultura uno*, publicado en 1978. Fue un éxito de ventas y desde entonces han surgido colectivos, asociaciones y particulares que han adoptado la permacultura como forma de vida sostenible, sensata y ecológica, y esta se ha convertido en una respuesta positiva a la crisis ambiental y social que vivimos.

Hay dos problemas claves: el cambio climático y la pérdida de la biodiversidad. (...) El error al enfrentar los problemas medioambientales es intentar aislarlos de otros problemas de corte económico y social.

DIAN FOSSEY

SAN FRANCISCO (EE. UU.), 16 DE ENERO DE 1932 – 26 DE DICIEMBRE DE 1985

Érase una vez una mujer que amaba a los animales y que tenía un único sueño: viajar a África. Trabajó, ahorró y, por fin, en 1963, realizó su gran viaje, un viaje que la haría famosa en todo el mundo.

En África, Dian conoció al antropólogo Louis Leakey y le confesó su deseo de estudiar la vida de los gorilas de montaña, animales de los que entonces se sabía muy poco. Louis quedó impresionado por la personalidad de Dian y, al cabo de unos años, le ofreció trabajar para él investigando a los gorilas. Dian, por supuesto, aceptó.

No fue fácil. Lo tenía todo en contra: los gorilas no estaban acostumbrados a la presencia de humanos, el país vivía guerras, muchos de los habitantes de la zona no aceptaban su trabajo, había cazadores furtivos que mataban a los gorilas y, durante los primeros años, estuvo completamente sola.

Dian logró acercarse a los gorilas, convivir con ellos, ganarse su confianza, aprender su comportamiento y convertirse en un miembro más de su familia. Se encariñó especialmente con un gorila al que llamó Digit y consiguió que le permitiera jugar con sus crías, algo increíble entre estos animales. Digit murió a manos de cazadores furtivos mientras defendía a su familia. Su muerte marcó a Dian y comenzó a perseguir a los cazadores, a veces de manera muy extrema. Se ganó muchos enemigos entre los lugareños, los cazadores y el mismo Gobierno. Todos la veían como una mujer inestable que prefería la compañía de los gorilas a la de los humanos.

Al igual que Digit, Dian murió asesinada y el crimen nunca fue resuelto. Fue enterrada en el cementerio de gorilas que ella misma había construido, junto a su querido Digit.

Cuando te das cuenta del valor de la vida, uno se preocupa menos por discutir sobre el pasado y se concentra más en la conservación para el futuro.

DOLORES BARRIENTOS ALEMÁN

CIUDAD VICTORIA, TAMAULIPAS (MÉXICO)

Érase una vez una licenciada en Economía, con una larga carrera en el mundo de la banca, la energía y los programas de financiación medioambiental que, un día, decidió reinventarse y dedicar su talento a la lucha en favor del medioambiente.

En 2011, Dolores aceptó el cargo de representante en México del Programa de las Naciones Unidas para el Medio Ambiente (PNUMA). Esta sección de la ONU es la autoridad ambiental líder en el mundo, establece la agenda ambiental a nivel global y actúa como defensor autorizado del medioambiente. Era, sin duda, un cargo con una gran responsabilidad. Dolores tuvo que aprender todo lo relacionado con el medioambiente, sustentabilidad ambiental y economía verde.

En poco tiempo se convirtió en una experta, y su labor de mejorar el planeta pronto tuvo grandes resultados. Diseñó y puso en marcha importantes proyectos relacionados con la conservación de la biodiversidad y el combate contra la pobreza, con el cambio climático y la promoción de energías renovables. Además, impulsó la aprobación por parte del Gobierno mexicano de leyes tan imprescindibles como la Ley General de Cambio Climático y la Ley de Transición Energética.

En su primera visita a la sede del PNUMA en Nairobi (Kenia), Dolores participó en un safari para conocer a los animales en su hábitat natural. Allí se dio cuenta de que el tamaño de los animales salvajes era casi el doble que el de los que están encerrados en los zoológicos. Desde entonces se propuso que su trabajo en la PNUMA tendría que «influir para que estos animales ya no sean el entretenimiento de los humanos y puedan permanecer en su hábitat».

Si como colectividad damos la espalda al cuidado del medioambiente y a la sostenibilidad ambiental, nos estamos dando la espalda a nosotros mismos.

ECOLOGISTAS EN ACCIÓN

MADRID (ESPAÑA), 9 DE DICIEMBRE DE 1998

Érase una vez más de trescientos pequeños grupos ecologistas de toda España que un buen día decidieron unir sus fuerzas para conseguir hacer de la Tierra un lugar mejor.

No fue un proceso fácil ni rápido. Las primeras reuniones se celebraron en 1977 en Cercedilla, un pueblo de la sierra de Madrid. Allí se sentaron las bases de lo que veinte años después sería Ecologistas en Acción.

Al contrario que las otras cuatro grandes ONG ecologistas españolas, que se asociaron con organizaciones internacionales, Ecologistas en Acción mantuvo una estructura asamblearia, con pequeños grupos de acción local que se unieron para compartir recursos y ser más conocidos y a la vez efectivos en todo el territorio.

Este tipo de estructura permitió que dentro de la organización tuvieran cabida perfiles y enfoques diversos: ecologismo, pacifismo, antimilitarismo, ecofeminismo, anticapitalismo... Perfiles diferentes pero con un objetivo común: hacer frente a problemas globales como el cambio climático, la pérdida de biodiversidad, el agotamiento de recursos imprescindibles para la vida humana o la acumulación de riqueza en pocas manos.

Ecologistas en Acción, de alguna manera, simboliza la fuerza y la potencia de cientos de personas que unidas pueden lograr objetivos esenciales para la conservación del planeta. Para conseguirlo realiza campañas de sensibilización y denuncias públicas o legales contra aquellas actuaciones que dañan el medioambiente.

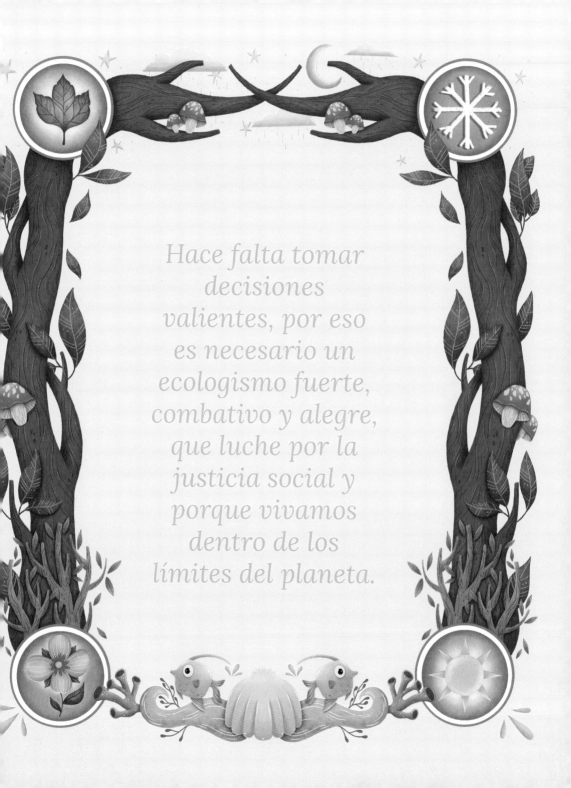

Hace falta tomar
decisiones
valientes, por eso
es necesario un
ecologismo fuerte,
combativo y alegre,
que luche por la
justicia social y
porque vivamos
dentro de los
límites del planeta.

EDWARD GOLDSMITH

PARÍS (FRANCIA), 8 DE NOVIEMBRE DE 1928 – 21 DE AGOSTO DE 2009

Érase una vez un hombre inteligente e inquieto que cambió la manera en la que el mundo pensaba y vivía la ecología. Se llamaba Edward, aunque sus amigos le llamaban Teddy, y se hizo famoso por ser un pionero en el campo de la ecología política.

Fue uno de los fundadores de *The Ecologist*, una revista sobre ecología y medioambiente en la que Teddy y su socio escribían y publicaban artículos que los medios de comunicación clásicos se negaban a divulgar por considerarlos demasiado radicales. Algunos de estos artículos predijeron el cambio climático, la escasez de recursos o los accidentes nucleares mucho tiempo antes de que el mundo tuviera en cuenta problemas tan graves.

En una época en la que no existía conciencia ecológica, las ideas de Edward y su manera de expresarlas no dejaron indiferente a casi nadie. Edward acusó al Banco Mundial de financiar la destrucción del planeta, se enfrentó a la sección agrícola y alimentaria de la ONU, acusándola de estar controlada por compañías multinacionales, y fundó el partido político People, que luego sería el Green Party (Partido Verde). Se mostró siempre ferozmente crítico con la sociedad industrial, el desarrollo económico y el modo en que los científicos estudiaban el planeta, pues consideraba que la ciencia actual no era objetiva y se olvidaba del ser humano, sobre todo de las tribus y pueblos tradicionales y su especial relación con la naturaleza.

Su obra más importante, *El tao de la ecología*, está considerada como un libro imprescindible para todos aquellos que quieran acercarse a una visión crítica de la globalización, la modernidad o el consumismo, y volver a aprender cómo debe ser la relación entre el ser humano y la naturaleza.

El clima se volverá impredecible y todos los recursos del progreso humano se volverán ridículos para afrontar esos cambios. Es un problema muy serio y no estamos haciendo nada.

EDWIN CHOTA

SAWETO (PERÚ), 1961 – 8 DE SEPTIEMBRE DE 2014

Érase una vez un hombre flaco, de nariz afilada y sonrisa contagiosa, que, aunque no pertenecía a los asháninkas, la etnia más importante de Perú, decidió unirse a ellos y defender sus derechos.

Edwin trabajaba como electricista en la ciudad, hasta que un día abandonó su casa, su trabajo y su familia para adentrarse en la selva de Perú. Allí se enamoró de una nativa asháninka y se quedó para siempre.

Los asháninkas vivían amenazados desde hacía años por los traficantes de madera que robaban sus árboles impunemente, pues la tierra en la que los nativos vivían no les pertenecía y los traficantes se aprovechaban de eso. Edwin envió más de cien cartas al Gobierno peruano exigiendo que las tierras pasaran a ser propiedad de su comunidad, pero el Gobierno se negó, ya que había entregado el 80 % de ese territorio a dos madereras peruanas.

El negocio ilegal de la madera era tan rentable como el negocio de la droga, y los asháninkas suponían un estorbo para los intereses de los traficantes. A lo largo de varios años, Edwin pidió al Gobierno protección para él y las familias de su comunidad, porque los madereros ilegales amenazaban con matarlos. Nunca le hicieron caso. En 2012 denunció la deforestación de su territorio y, de nuevo, solo encontró silencio. Edwin llegó incluso a fotografiar a los taladores derribando árboles de más de cien años y presentó otra denuncia que incluia esas fotografías y los nombres de los madereros. De nuevo, nadie le hizo caso.

Las amenazas y el tráfico ilegal de madera continuaron día tras día, año tras año, hasta que los traficantes cumplieron su amenaza, y Edwin y otros cuatro asháninkas fueron asesinados en la tierra que tanto amaron.

Hasta que no tengamos la titularidad de la tierra, los leñadores no respetarán nuestra propiedad. Nos amenazan. Nos intimidan. Y van armados.

EL AEROPUERTO INTERNACIONAL de COCHÍN

KERALA (INDIA), 2015

Érase una vez un país lejano y antiguo donde el sol brilla con fuerza y calienta ciudades, ríos, playas y bosques. Un país que entendió que el sol es algo más que luz, que el sol es energía capaz de mover... aviones.

El Aeropuerto Internacional de Cochín era el aeropuerto internacional más grande y con más tráfico de viajeros del estado de Kerala y el cuarto en toda India. Y también fue el primer aeropuerto de energía solar del mundo. Este ambicioso e innovador proyecto fue iniciado por su director, Vattavayalil Joseph Kurian, en 2012, cuando el precio de la electricidad se encareció notablemente. Fue entonces cuando comenzaron a considerar fuentes de energía alternativas, y el uso de energía solar pareció la mejor solución en un país con clima tropical y abundante sol. En apenas tres años, llegaron a ser completamente dependientes de la energía renovable en todas sus operaciones diarias, desde las cintas transportadoras hasta los sistemas digitales. No ha habido ninguna caída o fallo en sus sistemas y han conseguido generar un excedente de energía que se puede acumular para los días nublados o para la temporada del monzón, cuando la luz es menos frecuente.

En sus terrenos, además de paneles solares, se construyó una granja solar, donde se cultivaban vegetales orgánicos que se vendían a los mercados cercanos y al personal del aeropuerto.

El Aeropuerto Internacional de Cochín ganó en 2018 el premio Champions of the Earth (Campeones de la Tierra), otorgado por el Programa de las Naciones Unidas para el Medio Ambiente, en la categoría de Visión Empresarial, por demostrarle al mundo que la movilidad internacional no tiene por qué dañar el medioambiente.

El futuro
es solar.

ELÍAS MOISÉS

LAS CHOAPAS (MÉXICO), 1990

Érase una vez un muchacho, ciego de nacimiento, capaz de ver el mundo con los ojos del corazón. Cuando tenía ocho años, esa mirada descubrió a Coki, una tortuga escondida debajo de un tractor. Elías y la tortuga pasaron mucho tiempo juntos, hasta que un día unos niños la robaron y el muchacho no volvió a ver a Coki. Aquel día, Elías se convirtió en el guardián de las tortugas.

Elías quería ir a la universidad y estudiar Biología, pues se había propuesto proteger a las tortugas. A pesar de superar sus exámenes con las mejores notas, los profesores y el personal de la facultad se aliaron en su contra, ya que no entendían que un joven ciego quisiera y pudiera estudiar una carrera. Fueron años difíciles y, finalmente, abrumado, abandonó los estudios.

Pero su deseo de convertirse en el guardián de las tortugas seguía siendo el sueño de su vida y no iba a renunciar a ello por nada del mundo. Elías habilitó el jardín de su casa en Coatzacoalcos para acoger a estos animales en peligro de extinción. Y, poco a poco, el número de tortugas a las que Elías cuidaba fue creciendo hasta llegar a más de doscientos ejemplares de tres especies mexicanas.

Mantener a las tortugas no solo requiere voluntad y tiempo; hay que invertir en alimentos y medicinas. Para conseguir financiación, fundó la asociación Guardianes de las Tortugas, dedicada también a crear conciencia en los niños y adultos para que no vean a estos animales como simples mascotas ni mucho menos que las utilicen para consumo humano.

El objetivo de Elías es transmitir el amor por los animales y que la tortuga se convierta en un símbolo. Algo que se proteja para las generaciones futuras.

Al final conservamos lo que amamos, amamos lo que conocemos, conocemos lo que se nos ha enseñado.

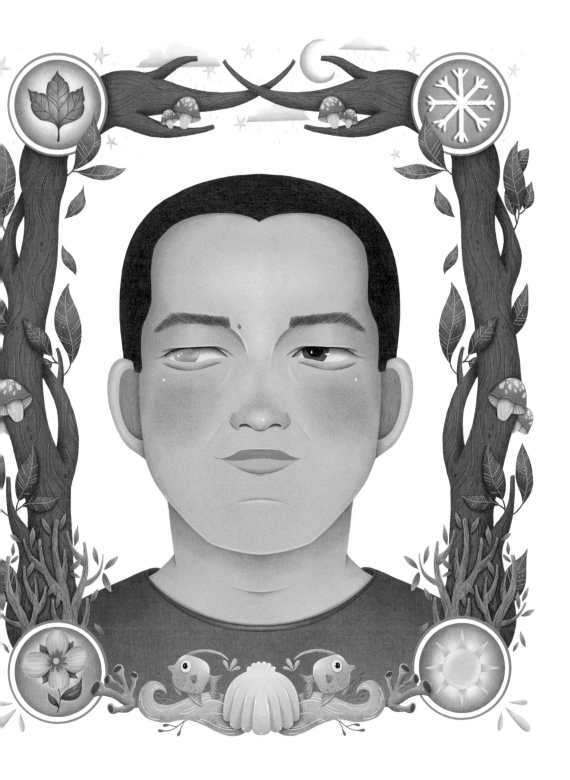

EUGENIE CLARK

NUEVA YORK (EE. UU.), 4 DE MAYO DE 1922 – 25 DE FEBRERO DE 2015

Érase una vez un enorme acuario en la ciudad de Nueva York y una niña de nueve años que miraba fascinada a los peces con la nariz pegada al cristal.

—Yo quiero nadar con los tiburones —se dijo.

Y lo consiguió. Eugenie creció, estudió y se convirtió en una famosa ictióloga (así se llama a las personas que estudian los peces). Amaba tanto a los animales marinos, y sobre todo a los tiburones, que comenzaron a llamarla «la Dama de los Tiburones».

En una sociedad que aún no creía en las mujeres, Eugenie no lo tuvo fácil. Cuando estaba a punto de acabar la carrera, uno de sus profesores, tratando de desanimarla, le dijo: «Si de verdad termina, probablemente se casará, tendrá un montón de hijos y jamás hará nada en el campo de la ciencia, después de haber invertido nuestro tiempo y dinero en usted». Eugenie no hizo caso de esas palabras, terminó sus estudios, se casó cinco veces, tuvo cuatro hijos y se convirtió en una científica de talla mundial.

Fundó uno de los laboratorios más importantes en el campo de la biología marina, publicó artículos y libros y buceó entre tiburones por todo el mundo. Desarrolló técnicas de investigación y demostró algo muy revolucionario para su época: que los tiburones no eran estúpidos y mortíferos, sino criaturas inteligentes capaces de aprender.

Eugenie recibió numerosos premios y reconocimientos y actuó siempre como firme defensora de las mujeres en el campo de la investigación.

Siguió buceando y nadando entre tiburones hasta un año antes de su muerte, cuando tenía noventa y dos años.

No me voy a poner filosófica. Ama los peces. Ama los tiburones. Mantén el agua y sus hábitats tan limpios y protegidos como sea posible.

FÉLIX RODRÍGUEZ ⇀ DE LA FUENTE ↽

POZA DE LA SAL (ESPAÑA), 14 DE MARZO DE 1928 – 14 DE MARZO DE 1980

Érase una vez un hombre con mirada de halcón y corazón de lobo. Un hombre que le prestó su voz al lince y dedicó su vida a los animales. A nosotros nos regaló su sabiduría, nos transmitió su pasión y nos desveló los secretos del hombre y la Tierra.

Félix creció en un pequeño pueblo de la provincia de Burgos, donde se crio entre montes, juegos y animales. Estudió Medicina y Odontología por consejo de su padre. A la muerte de este, abandonó su trabajo en una consulta odontológica para seguir su vocación: la cetrería y la divulgación científica.

En 1964, tras ganar una competición de cetrería, lo invitaron a un programa de Radiotelevisión Española. Félix, con un halcón en la mano, explicó con su peculiar voz y una pasión inusual los secretos de la cetrería. La entrevista duró solo tres minutos, pero a los pocos días se recibieron miles de cartas pidiendo volver a ver a aquel hombre del halcón.

Esos tres minutos fueron el inicio de la carrera de Félix como divulgador de la naturaleza. Empezó entonces a colaborar en varios programas de televisión en los que hablaba siempre sobre animales y naturaleza, y en 1968 presentó y dirigió su primer espacio televisivo: *Fauna*. Le seguirían *Planeta azul* y, por supuesto, *El hombre y la Tierra*, seguramente su serie más famosa, que se convirtió en un referente mundial.

Félix, el amigo de los animales, el amigo de los niños, murió en un accidente de avioneta en Alaska el día de su cumpleaños. Ese día, el lobo, el lince, los halcones y varias generaciones de españoles lloraron la muerte de su amigo.

*Cuando desaparece una sola especie animal,
la hemos perdido para siempre.*

FERNANDO VALLADARES

MAR DEL PLATA (ARGENTINA), 1965

Érase una vez un científico, doctor en Ciencias Biológicas, profesor de investigación del CSIC (Consejo Superior de Investigaciones Científicas), director del laboratorio Internacional de Cambio Global LINCGlobal, profesor asociado o invitado en... tantas universidades y másteres que no hay suficiente espacio en esta página para escribirlos todos.

Ese hombre sabio era Fernando, y no le bastaba solamente con investigar, aprender y enseñar a sus alumnos. Fernando estaba empeñado en transmitir el conocimiento y explicar de manera sencilla y didáctica a todos los ciudadanos del mundo lo que él llamaba el «cambio global», un cambio terrible al que se enfrenta nuestro planeta.

Fernando se autodefinía como ecólogo, un científico cuyo campo de trabajo era la ecología y que estudiaba los ecosistemas, la interacción de especies con el medioambiente en el que viven y que trataba de contestar preguntas complejas sobre cómo se verían afectados esos ecosistemas por la crisis climática global. Un conocimiento imprescindible para avanzar en la búsqueda de soluciones a problemas como la sequía, la deforestación, la recuperación de especies, etc.

Para Fernando, vivimos en un mundo en constante cambio y, aunque es cierto que para revertir ciertos aspectos del cambio climático podría ser tarde, siempre es mejor corregir tendencias y hacer algo. A medio y largo plazo se notarán las acciones que emprendamos ya mismo. Debemos adaptarnos hoy y mitigar para crear un mejor mañana.

En su opinión, la crisis económica que ha provocado la crisis climática es, en el fondo, una crisis ideológica de falta de ética en los gobernantes, por lo que la salida hacia un planeta «sano» pasa necesariamente por unos gobernantes más generosos.

El medioambiente es cosa de todos; nos pertenece a todos,
nos afecta a todos.

FESTIVAL INTERNACIONAL DE CINE DEL MEDIO AMBIENTE (FICMA)

BARCELONA, 1993

Érase una vez un día lluvioso, muy lluvioso. Las escalinatas del cine se habían transformado en improvisadas cascadas y parecía que la naturaleza le daba su particular bienvenida a un festival muy especial.

Así es como recuerda Claudio Lauria, su presidente y fundador, el primer día del Festival Internacional de Cine del Medio Ambiente (FICMA). Desde entonces han sido muchas las películas y documentales que se han proyectado en el festival con la intención de educar, concienciar y, por supuesto, golpear las conciencias de todos nosotros, ciudadanos de un planeta en peligro de extinción.

El FICMA fue el primer festival del mundo dedicado a temas ambientales y, desde 1993, celebra anualmente dos ediciones, una en Barcelona y otra en México. La participación creció de doscientos filmes a más de dos mil quinientos en sus últimas ediciones, lo que demuestra el interés por los temas ambientales.

El festival se completó con otras secciones como el Petit Ficma, que incluía talleres, conferencias y actividades familiares con la intención de acercar a los niños al mundo del cine y concienciarlos de la importancia de conservar el medioambiente.

En palabras de Jaume Gil, director del FICMA: «Somos un cine en positivo porque somos parte de la solución, porque generamos conciencia y porque sensibilizamos sobre las circunstancias que nos afectan, en nuestro entorno cercano y en todo el planeta. Somos el escaparate donde podemos vernos reflejados y reflexionar sobre nuestros actos y sobre lo que podemos mejorar».

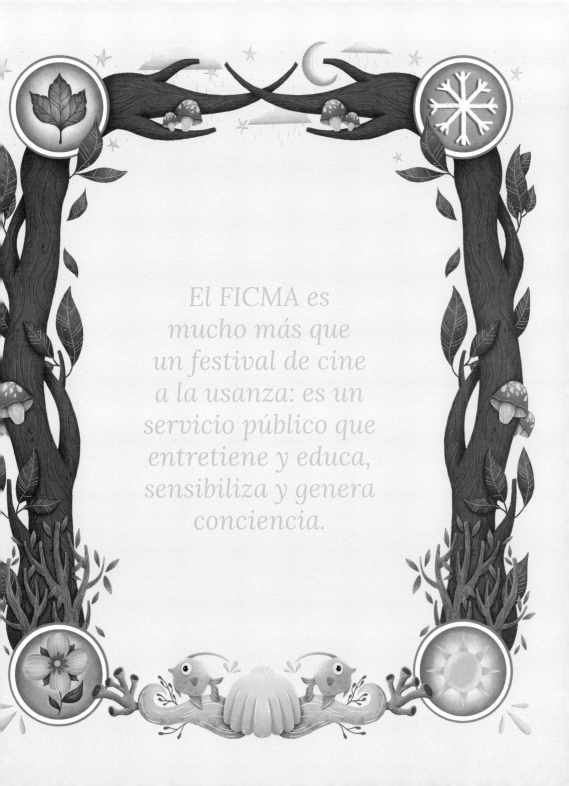

El FICMA es
mucho más que
un festival de cine
a la usanza: es un
servicio público que
entretiene y educa,
sensibiliza y genera
conciencia.

FRANCIA MÁRQUEZ

SUÁREZ (COLOMBIA), 1982

Érase una vez una niña que creció en Colombia, en un lugar en lo alto de las montañas, entre ríos donde pescar, campos donde sembrar y minas donde excavar.

La comunidad en la que vivía Francia llevaba una vida sencilla. Hasta que un mal día empresas mineras llegaron a su pueblo para explotar las minas de oro, utilizando mercurio y cianuro, contaminando los ríos y matando a los peces. Francia fue testigo de cómo su pueblo sufría un desastre medioambiental y humano y sintió que no podía quedarse callada. Para defender a su gente y su tierra, Francia decidió formarse y estudiar Derecho.

En los años noventa, se movilizó para proteger el río Ovejas. Francia y su comunidad querían conseguir que el Gobierno detuviera el proyecto que pretendía desviar el río hasta una presa cercana. De llevarse a cabo, supondría un grave impacto medioambiental, social y cultural para los habitantes de la región. Lo lograron. Sería la primera de numerosas luchas, victorias y derrotas.

Como muchos otros activistas, Francia también sufrió ataques y amenazas de muerte por parte de grupos armados al servicio de las empresas mineras. Esas amenazas fueron en aumento, hasta que finalmente se vio obligada a abandonar su hogar con sus dos hijos y a refugiarse en la ciudad de Cali. En 2014 lideró la llamada «Marcha de los Turbantes», en la que más de ochenta mujeres caminaron durante diez días y 350 kilómetros, desde Cauca hasta Bogotá, para sentarse frente al Ministerio de Interior y reclamar la defensa del territorio contra la minería ilegal y las multinacionales.

Su lucha incansable por los derechos de las comunidades afrodescendientes y de las mujeres, así como por el respeto y cuidado del medioambiente, han convertido a Francia en una activista reconocida internacionalmente.

Ustedes pueden quedarse tranquilos y pensar que nada está sucediendo mientras el planeta, la casa común, se destruye. O podemos juntarnos para realizar acciones que frenen el cambio climático.

FRIDAYS FOR FUTURE

LA TIERRA, 2018

Érase una vez millones de jóvenes en todo el mundo que un día decidieron alzar la voz y gritar muy alto para reclamar respuestas al problema más grave e importante de nuestra época. Su exigencia a los gobiernos y líderes mundiales era sencilla: acciones concretas e inmediatas contra el calentamiento global y el cambio climático. «Nos están fallando», reclamaban. Y tenían, tienen, razón.

Este movimiento que unió a la juventud del planeta en un grito global es el Fridays for Future, también conocido como Juventud por el Clima o Huelga por el Clima. Surgió en 2018, inspirado por la joven activista sueca Greta Thunberg, que se manifestaba cada viernes delante del Parlamento de su país para exigir la reducción de las emisiones de carbono, tal como se había estipulado en el Acuerdo de París en 2015. El mensaje de Greta se difundió a través de las redes sociales y en poco tiempo se hizo global.

Desde entonces, millones de jóvenes se unieron en todo el mundo y cada viernes salen a las calles para exigir a los políticos medidas que reconozcan el cambio climático y respondan a la gravedad de la situación. El movimiento promovió la primera gran huelga estudiantil internacional el 15 de marzo de 2019, que fue seguida en más de dos mil ciudades de todo el mundo por cuatro millones de jóvenes.

«Millones de personas alrededor del mundo marcharon pidiendo una verdadera acción contra el cambio climático, especialmente jóvenes. Les demostramos que estamos unidos y que somos imparables», aseguró Greta Thunberg.

Ojalá la voz de Greta y de los millones de jóvenes del mundo conmueva a todos aquellos que tienen en sus manos el futuro de nuestro planeta, porque no tenemos un Planeta B.

No queméis
nuestro futuro.

GATOR HALPERN

BAHAMAS (EE. UU.), 1991

Érase una vez un joven comprometido e inquieto que pasó su infancia buceando bajo las olas y parte de su juventud conviviendo con las comunidades indígenas mayas. En ambos lugares sintió el grito de auxilio del planeta y descubrió lo que se convertiría en su gran pasión: la protección del medioambiente.

Pasaron los años y Gator se implicó en proyectos relacionados con esa pasión que ya no podría abandonar: desde investigar la acuicultura y la deforestación en la Amazonia peruana, hasta analizar el cambio en el uso de la tierra en las zonas rurales de Sudáfrica y trabajar en favelas brasileñas. Pero su primer amor, su amor verdadero, era el mar, y ese sería su siguiente paso.

En 2015 cofundó Coral Vita, una empresa establecida en las Bahamas que se dedicaba al cultivo terrestre de coral. Con la importante particularidad de que el sistema que utilizaban para «cultivar» los corales los hacía mucho más resistentes al calentamiento global y a la acidificación de las condiciones oceánicas, que amenazaban su supervivencia.

Más del 30 % de los arrecifes de coral del mundo están muertos, y se prevé que más del 75 % mueran en 2050. Esta es una tragedia ecológica muy grave y se necesita actuar rápido y con eficacia para frenarla. En Core Vita eran capaces de cultivar tres mil colonias de corales por año en cada una de sus plantas y su velocidad de crecimiento era cincuenta veces superior a la de los corales que crecían en el mar.

Por su gran trabajo en la restauración de arrecifes de coral, Gator recibió en 2018 el premio Young Champions of the Earth (Jóvenes Campeones de la Tierra), otorgado por el Programa de las Naciones Unidas para el Medio Ambiente.

He visto a los arrecifes volver a la vida con la restauración y sé que, si abordamos este problema, podemos hacer un mundo mejor para el resto de nosotros.

Érase una vez un hombre que consiguió cambiar la manera en la que trabajaban las empresas de reciclaje en su país, Chile, y, por extensión, el modo en que el Gobierno y la sociedad actuaban ante ese importante asunto que es la gestión de residuos.

Antes de dedicarse al mundo del reciclaje, Gonzalo tuvo que reciclarse a sí mismo. Influido por su madre, una conocida experta en temas de sustentabilidad, Gonzalo siempre se interesó por temas ambientales y sociales. Sin embargo, no fue hasta después de que su hija de tres años se recuperara de una grave enfermedad y después de la muerte de uno de sus mejores amigos cuando Gonzalo decidió que debería tener un papel más activo en la lucha por hacer del mundo un lugar mejor.

Gonzalo creó entonces TriCiclos, una empresa con una meta ambiciosa: eliminar el concepto de basura y buscar el cambio hacia una economía circular. «Al igual que en la naturaleza no existe la basura, pues todo se transforma y se reutiliza», decía Gonzalo, «el modelo económico lineal de "extraer, transformar, consumir y descartar" está condenado al fracaso, pues es el principal responsable de los problemas que el medioambiente enfrenta hoy. La actividad humana necesita cambiar al modelo circular, creando "buenos" materiales y "buenos" productos, para mantenerlos en uso el mayor tiempo posible y con el mayor valor añadido posible, impidiendo la generación de residuos».

Eso significaba encontrar soluciones para que, desde su origen, cualquier producto sea pensado y creado de manera que produzca el mínimo de residuo posible, que no necesite ser reciclado y trabajar para garantizar que todo lo que se convierta en residuo pueda ser reutilizado y reciclado evitando la contaminación del medioambiente.

En una sociedad sostenible, tenemos que dejar de utilizar algunos materiales y productos que ahora vemos normales y aceptables.

GREENPEACE

VANCOUVER (CANADÁ), 1971

Érase una vez un grupo de amigos que un día tuvieron una idea: frenar las pruebas nucleares que Estados Unidos estaba realizando en la isla de Amchitka (Canadá).

Los nueve amigos formaron una asociación llamada Don't Make a Wave (No provoquéis un maremoto) y se embarcaron en un viejo barco pesquero con la intención de colocarse en el centro de la zona de pruebas y evitar que se detonase la bomba. El barco se llamó *Greenpeace*.

Aquella primera acción directa no tuvo éxito: los guardacostas interceptaron el barco antes de que pudiera llegar a su destino y la prueba nuclear se realizó. Sin embargo, la repercusión de su acción fue enorme y provocó manifestaciones en la frontera entre Canadá y Estados Unidos. Un año después, Estados Unidos se vio forzado a anunciar el fin de las pruebas nucleares en la zona y, desde entonces, Amchitka es una reserva ornitológica.

Tras esta primera victoria, la organización pasó a llamarse Greenpeace, y en varios países surgieron grupos de activistas que realizaban sus propias acciones de manera independiente. En 1978 se fundó Greenpeace International con la intención de coordinar todas esas acciones y compartir recursos e ideas.

Desde entonces, Greenpeace trabaja para proteger y defender el medioambiente en todo el planeta mediante campañas contra el cambio climático, los transgénicos, la contaminación o la energía nuclear, y para preservar los bosques y parajes naturales, especialmente el territorio ártico.

Debido a su lucha activa y a sus denuncias a gobiernos y grandes compañías, hay países en los que no son bien recibidos y han llegado a sufrir sabotajes, como cuando los servicios secretos franceses hundieron su barco insignia, el *Rainbow Warrior*, en 1985.

En la naturaleza
no hay recompensas
ni castigos;
hay consecuencias.

GRETA THUNBERG

ESTOCOLMO (SUECIA), 3 DE ENERO DE 2003

Érase una vez una niña que miraba con ojos muy abiertos todo lo que sucedía a su alrededor. Se llamaba Greta y era una niña tranquila y, sobre todo, muy curiosa. Cuando tenía ocho años escuchó hablar por primera vez sobre el cambio climático y sobre cómo los seres humanos estamos destruyendo nuestro planeta. La pequeña Greta no lograba entender por qué los adultos no hacían nada para solucionar un problema tan grave e importante.

Entonces Greta se deprimió y dejó de hablar y comer, y resultó que estaba enferma; los médicos le diagnosticaron síndrome de Asperger, trastorno obsesivo compulsivo y mutismo selectivo. Pero Greta era también muy valiente y no se sentía inferior por tener una enfermedad como aquella; al contrario, ella lo llamaba «su superpoder».

En 2018, después de una ola de calor e incendios forestales en Suecia, su país, Greta sintió que había llegado la hora de hacer algo y levantar la voz para ayudar al planeta. Así que dejó de ir a la escuela y se sentó delante de la puerta del Parlamento de Suecia con un cartel que decía: «Huelga escolar por el clima». Era su forma de protestar y pedir a su Gobierno que redujera las emisiones de carbono, tal como habían acordado hacer los países del mundo en el Acuerdo de París.

Greta continuó protestando cada viernes, y su cabezonería, su fuerza de voluntad y su valentía llamaron la atención de miles de jóvenes en todo el mundo, quienes, inspirados por una niña tan valiente, organizaron sus propios movimientos de protesta bajo el lema «Fridays for Future».

De esta manera, Greta se hizo famosa, ganó premios y llevó su mensaje a gobiernos y organizaciones de todo el mundo, incluyendo la Cumbre sobre la Acción Climática de la ONU en 2019.

Nadie es demasiado pequeño para marcar la diferencia.

HERMANN SCHEER

Érase una vez un hombre que desde muy joven miraba al sol y veía algo más que una estrella brillante: veía una potente fuente de energía capaz de mover el mundo. En aquel entonces él no lo sabía, pero el tiempo acabaría dándole la razón.

Cuando Hermann empezó a hablar de energías renovables, el mundo no entendía qué estaba diciendo. Ni los políticos ni la sociedad tomaban en serio la ecología, nadie hablaba de cambio climático y mucho menos de la necesidad de sustituir combustibles fósiles por energías limpias. En 1988 fundó EUROSOLAR, la Asociación Europea para la Energía Solar, cuyo objetivo era reemplazar los combustibles nucleares y fósiles por fuentes de energía ambientalmente racionales, utilizando fuentes directas e indirectas de energía solar.

Hermann creía que, si el mundo continuaba con sus patrones de uso de energía, sería catastrófico a nivel ambiental y supondría el fin de la civilización humana. Para él, la única fuente de energía alternativa realista era la energía solar, y pensaba que ya era técnicamente posible aprovechar la radiación del sol y que el principal obstáculo para lograr el cambio era político.

Desde su escaño en el Parlamento alemán, Hermann alzó la voz y propuso una ley de energías renovables que, contra todo pronóstico, fue aprobada por la cámara en el año 2000. Fue la ley que propició el cambio del modelo energético en Alemania, modelo que se extendería a más de cuarenta países. A lo largo de su vida, Hermann denunció las alianzas entre empresas energéticas y grandes medios de comunicación que intentaban «vender» a los ciudadanos la idea de que el cambio a un futuro de energía totalmente renovable era imposible y no existía ninguna alternativa. Mentira.

Las energías renovables son inagotables. No destruyen el medioambiente. Están disponibles en todas partes. Su uso facilita la solidaridad con las generaciones futuras. Aseguran el futuro de la humanidad.

HUMBERTO RÍOS LABRADA

CUBA, 1963

Érase una vez un científico e investigador de biodiversidad que, trabajando mano a mano con los agricultores cubanos, consiguió que un país entero cambiara la manera de entender la agricultura.

En Cuba, la agricultura siempre había sido el motor económico del país, y se había desarrollado un sistema basado en el monocultivo del azúcar y el uso de fertilizantes químicos y pesticidas. Este sistema resultó muy rentable económicamente, pero, a largo plazo, gran parte del medioambiente se inundó con agroquímicos, lo que suponía una amenaza para la biodiversidad y redujo el rendimiento de los cultivos. Con la caída del comunismo en los países de los que recibía apoyos, Cuba perdió a sus principales socios comerciales y el acceso a los fertilizantes y pesticidas que necesitaba. El sector agrícola se frenó y hubo escasez de alimentos. Para salir de la crisis, los agricultores se organizaron en cooperativas y comenzaron a cultivar cosechas semiorgánicas, sin pesticidas ni fertilizantes. Como resultado, el suelo comenzó a regenerarse.

Humberto conoció a estos campesinos mientras estudiaba la situación del campo cubano y comprobó cómo ese nuevo método de cultivo, basado en prácticas ecológicas sostenibles, estaba regenerando el suelo y revitalizando la agricultura. El científico supo que aquel sistema era la solución a la crisis agrícola y alimentaria, y se comprometió a expandirlo por toda la isla. Humberto y su equipo establecieron centros de aprendizaje de agrobiodiversidad y ayudaron a los agricultores a organizarse para compartir métodos de cultivo y semillas. Con los años, las autoridades cubanas reconocieron los excelentes resultados de este sistema de cultivo orgánico: no solo aumentó la producción de alimentos, sino que también contribuyó a la sostenibilidad de la tierra.

Una pequeña semilla y la participación popular pueden garantizar alimentos a una familia y mejorar su calidad de vida.

ÍÑIGO LOSADA

BILBAO (ESPAÑA), 1962

Érase una vez un hombre que dedicó mucho tiempo a estudiar los mares y océanos y los cambios que estos sufrirían como consecuencia del cambio climático. Íñigo se convirtió en uno de los mayores expertos mundiales en el tema y su advertencia fue clara y rotunda: cada vez queda menos tiempo para actuar.

Íñigo fue uno de los treinta y seis sabios y científicos que redactaron el *Informe sobre el océano y la criosfera en un clima en cambio* de la ONU. Las conclusiones de este informe fueron demoledoras:

 • En el año 2100, si el calentamiento global supera los 3 °C, el aumento del nivel del mar podría ser de casi un metro. Como consecuencia, cerca de seiscientos ochenta millones de personas se verán obligadas a migrar.

 • A medida que la temperatura de la superficie del mar aumente y los océanos se vuelvan más ácidos, la vida marina y los ecosistemas oceánicos correrán serio peligro. Incluso si el calentamiento global se limita al objetivo acordado de 1,5 °C, se perderá hasta el 90 % de los arrecifes de coral de aguas cálidas.

 • Se prevé un deshielo generalizado del permafrost (la capa de terreno que se encuentra permanentemente congelada) y, como consecuencia, se liberarán más de 1.500 gigatoneladas de gases de efecto invernadero, equivalentes a casi el doble del carbono que se encuentra actualmente en la atmósfera.

A pesar de las conclusiones, Íñigo mantuvo un discurso optimista y afirmó que «si mantenemos el calentamiento por debajo de los 2 °C, algunos procesos se estabilizarán y, a partir de 2050, las consecuencias de otros se reducirán notablemente. Es básico llegar a un acuerdo global y ponerlo en práctica. Necesitamos un compromiso y actuaciones concretas».

El calentamiento en el sistema climático es inequívoco.

ISIDRO BALDENEGRO

COLORADAS DE LA VIRGEN (MÉXICO), 18 DE MARZO DE 1966 — 15 DE ENERO DE 2017

Érase una vez una cadena de montañas que cruzaba México de norte a sur. Se la conocía como Sierra Madre, y en una región de esas montañas tenía su hogar y su refugio la comunidad tarahumara.

Para los tarahumara el bosque era su casa, lo que creaba y protegía el agua, el alimento, los animales y las medicinas. Aquel valioso bosque estaba en peligro, y eso Isidro lo sabía muy bien, pues su padre había sido asesinado en 1986 por empeñarse en defender los bosques de la tala indiscriminada de las grandes empresas madereras.

A pesar de las amenazas y del peligro evidente, Isidro, con tan solo veinte años, tomó el relevo de su padre y continuó defendiendo lo más preciado para su gente: los bosques de Sierra Madre. Denunció a empresarios por estar aliados con narcotraficantes y madereros, y en 1993 fundó Fuerza Ambiental, una organización no gubernamental dedicada a combatir la tala de árboles y la deforestación de la Sierra. Al contrario que sus enemigos, la lucha de Isidro siempre fue pacífica; en 2002 organizó sentadas y marchas no violentas, lo que llevó al Gobierno a suspender temporalmente la tala en la zona.

Isidro empezaba a ser un personaje incómodo para las autoridades y empresarios y en 2003 fue arrestado y encarcelado, acusado de posesión de armas y tráfico de drogas. Todo el mundo sabía que esas acusaciones eran falsas. Amnistía Internacional lo declaró preso de conciencia y fue liberado quince meses después, absuelto de todos los cargos.

La cárcel no detuvo a Isidro, que continuó con sus acciones pacíficas a favor de los bosques y de su pueblo, hasta que el 15 de enero de 2017 murió como su padre, asesinado a tiros por defender lo que más amaba.

Para nosotros todos los cerros son sagrados. Todo el bosque, el cielo, el sol, las estrellas, la luna, lo vemos como seres vivientes con vida y alma al igual que nosotros.

JACKIE KING

REINO UNIDO, 1943

Érase una vez una bióloga inglesa que un día aprendió a hablar con los ríos. Se sentaba en la orilla y escuchaba, atenta, las historias que flotaban en el agua. Y los ríos le contaron sus secretos.

Jackie nació en Inglaterra, pero en los años ochenta emigró a Sudáfrica con su marido y fue en aquel país donde aprendió el lenguaje de las aguas dulces. Estudió mucho y, al acabar su tesis doctoral, se dedicó a investigar cómo vivía el pato negro en un pequeño río sudafricano. Cuando sus hijos entraron en el colegio y pudo disponer de más tiempo, buscó financiación para trabajar en una investigación a tiempo completo y, entonces, se hizo su gran pregunta: «¿Cuánta agua necesitan los ríos?».

Intentando responder a esa cuestión, recopiló datos, observó, escuchó, reflexionó y a partir de todas esas investigaciones desarrolló un modelo de gestión de los ríos que le daba la misma importancia al beneficio económico que al impacto medioambiental. Algo que nadie se había planteado hasta que lo hizo Jackie. Se convirtió en una de las mayores expertas en la gestión sostenible de las aguas dulces y su opinión fue decisiva para que Nelson Mandela, el entonces presidente de la República de Sudáfrica, aprobara en 1998 una de las leyes de protección del agua más vanguardistas; una ley en la que más tarde se fijaron muchos otros países del mundo.

Aprendió con tanto detalle el lenguaje de los ríos que, solo con ver una piedra en un cauce, adivinó que río arriba había una presa. En 2019 recibió el Premio del Agua de Estocolmo, conocido como el Nobel del Agua, por su contribución decisiva a la gestión global de los ríos.

Cuando consigues llegar al nivel en el que se toman las decisiones, que un político tenga en cuenta los aspectos medioambientales al mismo nivel que los económicos o técnicos, es cuando logras el objetivo.

JACQUES-YVES COUSTEAU

SAINT-ANDRÉ-DE-CUBZAC (FRANCIA), 11 DE JUNIO DE 1910 – 25 DE JUNIO DE 1997

Érase una vez un capitán con gorro rojo y nariz afilada y un barco, el *Calypso*. Juntos navegaron los océanos durante más de cuarenta años, descubriéndole al mundo las maravillas y secretos del mundo submarino.

Siendo aún muy pequeño, mucho antes de convertirse en el capitán Cousteau, el joven Jacques se sintió fascinado por el mar la primera vez que usó unas gafas de buceo como las que utilizaban los buscadores de perlas filipinos. Jacques lo vio claro: quería bucear junto a los peces a mayor profundidad. No tardaría en conseguirlo, porque además de biólogo, oceanógrafo, explorador, escritor o fotógrafo, Cousteau era también un brillante inventor. Junto con el francés Emile Gagnan ideó el «Aqua-lung» o pulmón acuático, un mecanismo regulador que permite bucear sin la necesidad de un tubo de aire en la superficie, un dispositivo que utilizan hoy en día todos los buzos del mundo.

En 1950 se enamoró perdidamente de... un barco, el famoso *Calypso*, que se convertiría en fiel compañero y aliado del capitán Cousteau. Su primera misión fue el estudio de los corales en un archipiélago del mar Rojo. Desde entonces, Jacques no dejó de navegar, explorar y escribir. En 1952 publicó *El mundo del silencio*, un libro donde narraba sus experiencias y viajes por el mar. Unos años más tarde, se convertiría en una película titulada con el mismo nombre y premiada internacionalmente, incluyendo un Óscar.

Pero lo que realmente convirtió al capitán Cousteau en el biólogo más famoso de todos los tiempos y en una celebridad mundial fue la serie documental que se emitió desde 1968 a 1975 llamada *El mundo submarino de Jacques Cousteau*. En ella mostró al público la diversidad y complejidad del mundo submarino y la vida de los océanos.

Salvaje no es quien vive en la naturaleza; es quien la destruye.

JAIRO MORA SANDOVAL

GANDOCA (COSTA RICA), 22 DE MARZO DE 1987 – 31 DE MAYO DE 2013

Érase una vez un muchacho que nació y vivió junto a una playa caribeña donde, una vez al año, se encontraba con sus viejas y grandes amigas: las tortugas.

En Costa Rica, la tierra de Jairo, las tortugas marinas estaban protegidas por la ley, pero aun así los cazadores furtivos robaban sus huevos y los vendían en el mercado negro, pues se creía, erróneamente, que tenían propiedades afrodisíacas. Estos robos descontrolados habían puesto en peligro la recuperación de las poblaciones de tortugas marinas, que se encontraban en peligro de extinción.

Jairo amaba su tierra y amaba a las tortugas. Desde muy joven trabajó para el centro de rescate animal Paradero Eco Tour y era investigador de la organización Widecast, en la que estaba a cargo del proyecto de conservación de la tortuga en su querida playa de Moín. Era un trabajo peligroso, todos los activistas lo sabían, pues los saqueadores de huevos de tortuga robaban con total impunidad y no estaban dispuestos a que nada ni nadie les impidiera llevarse su valioso botín.

Durante las noches de la temporada de desove de las tortugas, que va de marzo a julio, Jairo y sus compañeros patrullaban las playas, siempre acompañados por la policía, para evitar que los furtivos robaran los huevos. Pero la noche del 30 de mayo, la policía no salió a patrullar con ellos, y Jairo y cuatro activistas más fueron secuestrados. Sus compañeras consiguieron escapar, pero Jairo no lo logró y a la mañana siguiente su cuerpo apareció tendido en su adorada playa.

Jairo creció viendo, respirando y disfrutando
en la playa con las tortugas.

JANE GOODALL

LONDRES (REINO UNIDO), 3 DE ABRIL DE 1934

Érase una vez una niña y un regalo especial. La niña se llamaba Jane y el regalo era un chimpancé de peluche llamado Jubilee. Aquel muñeco despertó en la pequeña su pasión por los animales y, casi ochenta años después, Jane aún conserva el peluche y su amor por los chimpancés.

Al terminar sus estudios de secretariado, Jane viajó a Kenia, donde conoció al famoso antropólogo Louis Leakey y su sueño empezó a hacerse realidad. Trabajó para él como secretaria, pero cuando Louis vio la capacidad, la paciencia y sobre todo el interés de Jane por los chimpancés, le propuso ir a Gombe (Tanzania) con el encargo de investigar por primera vez a los chimpancés salvajes de la zona. Le daba igual que Jane no tuviera formación científica: lo compensaba de sobra con su pasión. Ella aceptó y plantó su campamento en la selva. El proyecto debía durar seis meses, pero Jane se quedó allí más de veinte años.

Lo que Jane descubrió fue tan revolucionario que, hizo que incluso hoy en día, sea considerada como una de las mayores científicas de campo del siglo XX. Descubrió que los chimpancés tienen personalidad, que no eran vegetarianos inofensivos tal como se creía, sino omnívoros, como los humanos, y que, al igual que nosotros, se peleaban, se mataban y provocaban guerras. Descubrió también que eran capaces de inventar y utilizar herramientas. Puesto que el chimpancé es el animal más parecido a las personas, sus hallazgos supusieron una revolución en los conocimientos que se tenían sobre el ser humano y su comportamiento.

Su método de trabajo de campo fue muy criticado por la comunidad de científicos, que pusieron en duda sus hallazgos, pero Jane se mantuvo firme y nunca dudó de la validez de su investigación. El tiempo le dio la razón.

Podemos tener un mundo pacífico. Podemos avanzar hacia un mundo donde vivamos en armonía con la naturaleza y con los demás. Ese es el camino hacia el que debemos avanzar.

JAVIER LARRAGOITI

MÉXICO, 1991

Érase una vez un joven mexicano que un día recibió una mala noticia: a su padre le habían diagnosticado diabetes tipo 2, una enfermedad que supone la segunda causa de muerte en México.

Javier se informó sobre la enfermedad y descubrió que uno de sus desencadenantes es el consumo excesivo de azúcar y que, una vez que el enfermo ha sido diagnosticado, debe dejar de tomar ese producto. Algo que Javier sabía que su padre no estaba dispuesto a hacer. Siguió buscando y averiguó que en el mercado no había un sustituto natural, saludable y con el mismo sabor que el azúcar.

Escuchó hablar de un producto llamado xilitol. El xilitol es un edulcorante natural que se obtiene del abedul, y que además de endulzar tiene otras propiedades: no provoca caries y es apto para diabéticos. Eso era lo que estaba buscando, el único problema era que la extracción del xilitol del abedul era demasiado cara y él quería un producto tan barato como el azúcar. Entonces tuvo una idea: el xilitol se extrae de fuentes vegetales y el vegetal más abundante en México es el maíz.

Javier visitó varias granjas, habló con los campesinos y llegó a un acuerdo con ellos para que le vendieran los desechos de sus cosechas, pues para extraer el xilitol no se necesita el maíz, tan solo el olote, que es como llaman los mexicanos a lo que queda del maíz una vez que se le han sacado todos los granos. El olote no tiene ninguna utilidad para los campesinos, así que lo queman tras cada cosecha, una práctica que genera gran cantidad de contaminantes tóxicos para el medioambiente.

El uso del xilitol como edulcorante no era algo nuevo, pero sí lo era extraerlo de desechos agrícolas del maíz aplicando un proceso ecológico, sostenible y respetuoso con el medioambiente.

El objetivo no es solo hacer más sostenible la producción agrícola, también es ofrecer una opción asequible y más saludable para los consumidores en México.

JILL PHIPPS

Érase una vez una niña que solía recoger animales abandonados y llevarlos a casa. Era la más pequeña de tres hermanos y vivía feliz con su familia en un barrio de clase trabajadora.

Jill amaba a los animales. A los diez años, después de ver el cuerpo de un cerdo en una carnicería, se hizo vegetariana y a los once años se manifestó contra una granja peletera de la región. Sería la primera de muchas protestas a las que Jill acudiría, comprometiendo así su vida con la liberación animal.

No estaba sola: en toda Inglaterra habían surgido grupos de activistas decididos a actuar en defensa de los animales. A veces se trataba solo de sentadas y protestas y otras veces organizaban sabotajes en laboratorios, centros de experimentación animal, granjas y en cualquier lugar donde se tratara a los animales con crueldad. Jill se unió a una de aquellas organizaciones, la Coventry Animal Alliance, y se convirtió en uno de sus miembros más activos.

En 1984, Jill dio a luz a su hijo. Como era madre soltera, decidió continuar con las protestas, pero sin implicarse en acciones que pudieran llevarla a la cárcel y separarla de su hijo.

En 1995 se unió a un grupo de manifestantes que protestaban en el aeropuerto de Coventry. Querían impedir la entrada de camiones cargados con animales vivos para ser transportados en avión a Europa. Jill y otros compañeros rompieron la barrera de la policía y corrieron hacia un camión con la intención de pararlo, pero el vehículo no se detuvo y atropelló a Jill.

Su muerte conmocionó al país. Durante los meses siguientes, sus compañeros montaron un campamento junto al aeropuerto, decididos a no abandonar el lugar hasta que se prohibiera el transporte de animales vivos. Lo consiguieron.

Estamos arriesgando nuestras vidas
y seguiremos haciéndolo hasta que lo hayamos parado.

JOAQUÍN ARAÚJO

MADRID (ESPAÑA), 31 DE DICIEMBRE DE 1947

Érase una vez un hombre que aprendió el lenguaje de la naturaleza y puso todo su empeño en traducir los silencios del bosque, el silbido del viento en las hojas de los árboles, el murmullo de los arroyos y la sabiduría de los animales.

Joaquín se describía a sí mismo como un «emboscado», un hombre que vivía rodeado de bosque porque gracias al bosque era un hombre vivo. Y no eran solo palabras, pues ha plantado aproximadamente un árbol por cada día que ha vivido, unos veinticuatro mil quinientos árboles, y ha promovido la plantación, por parte de diferentes instituciones como Caja Madrid, la CAM, el Ayuntamiento de Fuenlabrada y Correos de España, de un millón y medio más.

Su oficio, además de traductor de la naturaleza, era el de campesino en un lugar remoto de Extremadura y, por encima de todo, el de divulgador: vivir, sentir y escuchar a la naturaleza y, sobre todo, contarlo. Para ello se empeñó en escribir, hacer radio y cine documental, en dar conferencias y realizar exposiciones y en estar en el activismo ecológico y cultural desde hace más de cuarenta y nueve años.

Aunque dedicaba la mayor parte de su día a día a la agricultura ecológica, siempre encontró tiempo para compartir su experiencia y sabiduría, y así lo confirman sus 109 libros escritos, 2.500 artículos, 340 programas de televisión (la mayoría documentales) o 6.000 programas de radio. Lo que resulta difícil de contar es la cantidad de personas a las que consiguió transmitir su mensaje y contagiar su infinito amor por la naturaleza.

Llevan su nombre un IES, unas lagunas, un museo, un taller, tres árboles, una fuente y una cima. Su mayor deseo, aunque seguramente es imposible, es salvar lo que le salva: la naturaleza.

Sabiendo los políticos, como saben, que el cambio climático lo pone absolutamente todo en peligro, el no hacer nada se asemeja a un delito.

JOHN MUIR

DUNBAR (REINO UNIDO), 21 DE ABRIL DE 1838 – 24 DE DICIEMBRE DE 1914

Érase una vez un hombre alto, de largas barbas y mirada de niño, que decía de sí mismo que era poeta, geólogo, vagabundo, botánico, ornitólogo, naturalista y explorador. Y, por encima de todo, un amante de la naturaleza.

La familia Muir emigró a Estados Unidos cuando John tenía once años. Se instalaron en una granja de Wisconsin, donde su estricto padre los hacía trabajar desde el amanecer hasta la noche. En los pocos momentos que tenían libres, John y su hermano se dedicaban a vagar por los bosques y, en esas escapadas, John aprendió a observar la naturaleza.

Tenía veinte años cuando sufrió un accidente que casi le dejó ciego y decidió cambiar el rumbo de su vida, abandonó su trabajo y empezó a caminar. Hizo más de 1.600 kilómetros desde Indianápolis al golfo de México, recorrió Cuba y Panamá, navegó hasta San Francisco y de allí a Yosemite, en la Sierra Nevada de California. Y, aunque con los años caminaría por el mundo entero, Yosemite se convirtió en su paraíso soñado, en su único hogar.

Descubrió los glaciares de la Sierra y desarrolló su teoría sobre la glaciación del valle de Yosemite. Incapaz de alejarse de ese paisaje, construyó una pequeña cabaña y escribió sobre lo que más amaba: la naturaleza. Su serie de artículos, *Estudios de la Sierra*, lanzaron su carrera como escritor.

En 1890, gracias a sus esfuerzos, el Congreso Federal creó el Parque Natural de Yosemite y más tarde los parques de Sequoia, Mount Rainier, Petrified Forest y Grand Canyon. En 1892, John fundó el Sierra Club, una organización dedicada a la defensa de los espacios naturales para, como él decía, «contentar a las montañas». Por todo esto es recordado como el «padre de los Parques Nacionales».

Todas las personas necesitan de la belleza como del pan,
un lugar donde disfrutar y meditar. Es la naturaleza quien
cura y da fuerzas al cuerpo y el alma.

→ JOHN SEYMOUR ←

LONDRES (REINO UNIDO), 12 DE JUNIO DE 1914 – 14 DE SEPTIEMBRE DE 2004

Érase una vez un hombre genial y rebelde. Fue escritor, locutor, ecologista, trotamundos, agricultor y, por encima de todo, fue un hombre alegre y «padre de la autosuficiencia».

Antes de escribir los libros que le harían famoso y le convertirían en un referente internacional para todos aquellos deseosos de llevar un estilo de vida sencillo, John fue un viajero incansable. Tras estudiar Agricultura en Inglaterra, con tan solo veinte años, recorrió África trabajando como marinero, peón, ganadero, aprendiz de ingeniero de minas..., parecía que su deseo de vivir aventuras no tenía fin.

De regreso a Inglaterra, John se casó y vivió junto a su mujer en un barco con el que navegaron por toda Inglaterra y los Países Bajos. Cuando nació su primera hija, la familia decidió instalarse en una pequeña granja sin agua corriente ni electricidad cerca de Newport, al oeste de Inglaterra. Allí, John empezó a experimentar los principios de autosuficiencia y autoabastecimiento que le harían famoso.

A lo largo de su vida, John publicó más de cuarenta libros sobre sus viajes y el estilo de vida sencillo, hizo programas de radio y televisión, escribió artículos y fundó la Escuela para la Autosuficiencia, donde sus alumnos aprendían de primera mano la filosofía y la forma de vida de John.

Fue también un ecologista convencido y trabajó por la defensa de la naturaleza en su país. En 1999 fue demandado por destruir una plantación de remolacha transgénica. En el juicio, le dijo al juez que sin duda los destrozos habían sido causados por las hadas. El juez contestó que esos seres no dejan huellas de botas en el barro, a lo que John respondió que seguramente iban disfrazados para evitar la demanda. Pagó una multa mínima.

Yo soy uno solo. Solo puedo hacer lo que uno puede hacer. ¡Pero, lo que pueda hacer, yo lo haré!

JOSÉ MANUEL MORENO RODRÍGUEZ

ESPINOSO DEL REY (TOLEDO)

Érase una vez un hombre que empezó a estudiar la naturaleza cuando todavía no se hablaba de cambio climático ni de calentamiento global. José Manuel viajó a Estados Unidos en 1988 para ampliar sus estudios y allí, tras la oleada de incendios en el parque Yellowstone, él y sus colegas empezaron a sospechar que el cambio climático podría tener algo que ver.

Desde su regreso a España, José Manuel no dejó de estudiar e investigar acerca de los incendios, y se convirtió en uno de los mayores expertos sobre el tema a nivel mundial. En 2002 comenzó a colaborar con el Grupo Intergubernamental de Expertos sobre el Cambio Climático, conocido por sus siglas en inglés, IPCC. Esta organización, impulsada por la ONU, tenía como objetivo elaborar informes basados en estudios y opiniones objetivas y científicas sobre el cambio climático, sus impactos y riesgos naturales, políticos y económicos, así como sugerir posibles soluciones a esos peligros. Su labor fue tan importante y esencial que en el año 2007 se les concedió el Premio Nobel de la Paz, compartido con Al Gore.

José Manuel dedicó mucho tiempo a estudiar los incendios. Saber cómo se producen, sus causas; cómo, dónde y por qué se propagan es básico para crear modelos que puedan predecir qué zonas del territorio presentan un mayor riesgo de incendios y ayudar así a prevenirlos. Es una labor importante, porque el humo de los incendios contribuye al calentamiento global al lanzar CO_2 a la atmósfera y, al mismo tiempo, cada vez hay más incendios debido a las consecuencias del calentamiento global. Un pez que se muerde la cola.

Hay huellas de que el cambio climático ya ha ocurrido; se manifiestan en todos los ecosistemas y son detectables, generalizadas y atribuibles al cambio climático producido por la acción humana.

JUAN LÓPEZ RICO

RIBADEO (ESPAÑA), 1955

Érase una vez un hombre bueno, periodista, humorista gráfico, profesor de aikido y gallego de nacimiento y vocación. Un hombre que poseía una mirada especial con la que observaba el mundo y lo traducía sobre el papel en forma de viñeta.

Juan era a la vez periodista e ilustrador; sus primeras viñetas para prensa las realizó en los años ochenta para *El Correo Gallego*. En aquel entonces, para Juan, dibujar el mundo con una mirada crítica y humorística era tan solo un divertimento, una manera más de ejercer su profesión de periodista. Años más tarde, de la mano del periodista ambiental Arturo Larena, director de EFE Verde, la plataforma de periodismo ambiental de la Agencia EFE, comenzó a dibujar viñetas de contenido relacionado con el medioambiente.

Ningún tema de la actualidad medioambiental escapaba a la inteligente mirada de Juan: cambio climático, contaminación, energía, urbanismo desmedido, incendios forestales, residuos y reciclaje o política ambiental y cómo los partidos políticos abordaban estos problemas eran asuntos habituales en las viñetas de este lúcido humorista. A través del humor, Juan trataba de llamar la atención del lector sobre la situación de nuestro medioambiente y llegar a muchas más personas que cualquier sesudo estudio científico; para Juan, el humor gráfico tenía la gran virtud de hacernos sonreír, pensar y tomar conciencia sobre «el gravísimo riesgo que afrontamos si no damos un giro radical a nuestra relación con la naturaleza».

No se trata de banalizar los temas ambientales, sino de utilizar el humor para hacernos reflexionar y acercar los problemas a los ciudadanos de una manera más atractiva y eficaz.

JULIA CARABIAS

CIUDAD DE MÉXICO (MÉXICO), 14 DE AGOSTO DE 1954

Érase una vez una científica, bióloga y pensadora mexicana que, a través de sus libros, conferencias y su trabajo en organismos oficiales y ONG, no ha cesado nunca de explicar y denunciar el peligro al que se enfrenta nuestra civilización si no conseguimos entre todos frenar la destrucción del medioambiente.

Al acabar sus estudios de Biología, Julia se dedicó a trabajar con comunidades indígenas de México y, aunque nunca dejó de ocuparse de los problemas de estas comunidades, con los años amplió su campo de investigación para estudiar la regeneración de las selvas tropicales, la restauración ambiental, la utilización de los recursos naturales, el cambio global, la relación entre pobreza y medioambiente y la política ambiental.

En opinión de Julia, la construcción de un mundo sin pobreza, justo, equitativo, incluyente, próspero, seguro, con bienestar social y respeto a los derechos fundamentales y a las libertades, debería ser el objetivo de todo ciudadano de este planeta; sin embargo, solo se alcanzará esta meta garantizando un medioambiente sano. Y, aunque la conciencia social sobre estos temas ha ido en aumento, los cambios no están sucediendo a la velocidad que la magnitud del problema exige.

En 2005, Julia cofundó Natura Mexicana, una ONG que trabaja con la comunidad de la selva Lacandona realizando proyectos para fortalecer áreas naturales protegidas y mejorar el bienestar social de las comunidades. En esta selva se concentra la mitad de las especies de México y el 30 % de mamíferos y aves. Un lugar especialmente vulnerable a la codicia del ser humano.

El desarrollo es ambiental o no lo es.

JULIA «MARIPOSA» HILL

MOUNT VERNON (EE. UU.), 18 DE FEBRERO DE 1974

Érase una vez una mariposa que voló hasta la Luna, y allí se construyó una casita que se convirtió en su hogar. La mariposa y la Luna se cuidaron y se protegieron hasta que, pasados dos años, se abrazaron, se dijeron «hasta siempre» y la mariposa regresó a la Tierra.

La mariposa de este cuento era Julia «Mariposa» Hill, una joven de veintitrés años, y la Luna era, en realidad, Luna, una secuoya de sesenta metros de altura y más de mil años de antigüedad. Julia vivió setecientos treinta y ocho días en lo alto de Luna. Quería evitar que la empresa Pacific Lumber derribara a Luna y las secuoyas que la rodeaban.

La aventura de Julia en lo alto de su árbol debía durar tan solo dos semanas, pero la compañía maderera impidió que los activistas que tenían que sustituirla pudiesen acceder a la secuoya. Julia no se rindió y decidió permanecer en el árbol el tiempo que fuera necesario. Para lograrlo, un equipo le suministraba la comida mediante cuerdas y poleas. Su pequeño hogar, a cincuenta metros de altura, consistía en una plataforma de tres metros cuadrados cubierta por una lona impermeable, un pequeño hornillo, un cubo con una bolsa hermética para hacer sus necesidades y una esponja con la que recogía el agua de lluvia o nieve para lavarse. Julia sufrió enfermedades y picaduras de insectos, pero sin duda lo peor fue una impresionante tormenta de dos semanas que estuvo a punto de separarla del árbol.

El 18 de diciembre de 1999, setecientos treinta y ocho días después y tras duras negociaciones con la compañía maderera, Julia descendió de Luna. La maderera se comprometió a respetar a Luna y todos los árboles cercanos en un radio de sesenta metros, y a incluir una política medioambiental en todos sus futuros trabajos.

Yo me adentré en el bosque y por primera vez experimenté lo que significa de verdad estar vivo. Entendí que yo formaba parte de todo aquello.

KEN SARO-WIWA

BORI (NIGERIA), 10 DE OCTUBRE DE 1941 – 10 DE NOVIEMBRE DE 1995

Érase una vez un hombre luchador y valiente que se enfrentó a su Gobierno y a poderosas compañías petrolíferas, y esa disputa le costó la vida.

Ken era hijo del jefe de la tribu de los ogoni, etnia del río Níger, en Nigeria. Fue un hombre culto y amable y su gran pasión era la literatura. Escribió muchos libros, llegó a ser candidato al Premio Nobel de Literatura, y trabajó como comentarista de prensa, radio y televisión.

Sucedió que, en su tierra, la empresa holandesa Shell se dedicaba a extraer petróleo, lo que derivó en desastres medioambientales a causa de los vertidos de las tuberías averiadas y de la lluvia ácida. Las tierras y el medio de vida de los ogoni estaban en serio peligro.

Saro denunció el desastre que provocaba Shell y creó un movimiento social pacifista llamado Movimiento para la Supervivencia del Pueblo Ogoni (MOSOP), que luchaba por defender los derechos de su tribu; unos años más tarde se convirtió en el vicepresidente de la Organización de Naciones y Pueblos no Representados (UNPO), formada por indígenas y minorías que se habían unido para luchar pacíficamente por sus derechos y preservar el medioambiente.

Saro y sus compañeros fueron arrestados en varias ocasiones por la policía y el ejército nigeriano, quienes estaban al servicio de las multinacionales petrolíferas. A pesar de las continuas detenciones, muertes y amenazas, las protestas pacíficas continuaron hasta que, en 1994, Saro y ocho de sus colegas fueron detenidos y acusados injustamente de asesinato. El juicio fue una farsa. Saro y sus compañeros fueron juzgados y, pese a que instituciones y gobiernos de todo el mundo pidieron el perdón para ellos, fueron condenados a muerte y ejecutados.

Si vivo o muero es irrelevante. Es suficiente saber que hay personas que dedican tiempo, dinero y energía a combatir este mal entre tantos otros que predominan en todo el mundo. Si no tienen éxito hoy, tendrán éxito mañana.

KEN WARD

VIRGINIA OCCIDENTAL (EE. UU.)

Érase una vez un periodista de investigación de un pequeño periódico en la América rural, el *Charleston Gazette-Mail*. Con una tirada media de cuarenta mil ejemplares, no parecía un medio de comunicación capaz de provocar cambios en su comunidad. Pero, muchas veces, sin importar lo pequeño que seas, puedes marcar la diferencia.

Ken entró a trabajar como becario en el *Charleston Gazette-Mail* en 1989, y en aquel verano tuvo lugar una importante huelga de mineros contra la compañía Pittson Coal. Esa huelga duró casi un año y, durante ese tiempo, más de dos mil mineros y sus familias protestaron para reivindicar mejores seguros médicos y ayudas económicas para las viudas y los trabajadores enfermos. Cubrir aquella huelga fue el primer encargo periodístico de Ken. Habló con los mineros, aprendió sobre el carbón y la industria minera y supo que quería dedicarse a escribir y denunciar los abusos de las industrias.

Desde entonces, los artículos de Ken han denunciado los verdaderos impactos económicos, sociales, ambientales y de salud que las industrias mineras, químicas y del gas provocan impunemente en el estado de Virginia. Ken puso al descubierto la inacción del Gobierno en torno a la enfermedad del pulmón negro, una dolencia que se desarrolla al inhalar polvo de carbón y que podría evitarse o al menos reducirse si se cumplieran las normativas de salud en las minas. El Gobierno aseguraba que la enfermedad ya no era una amenaza, hasta que los documentados artículos de Ken demostraron lo contrario.

Su informe sobre un derrame químico en 2014, que contaminó el agua potable de trescientas mil personas, denunció la falta de planificación en la prevención de accidentes en la industria química y del carbón.

Creo que parte del trabajo de periodista y del tipo de periodismo que quiero hacer es exponer ese tipo de verdades difíciles, para que las personas puedan tratar de confrontarlas y lidiar con ellas.

LADISLAO MARTÍNEZ

GARCINARRO (CUENCA), 1958 – 5 DE DICIEMBRE DE 2014

Érase una vez un hombre parecido a un árbol: duro, grande y sabio. Un hombre que fue mucho más que un ecologista; fue químico, profesor de instituto, luchador en batallas casi imposibles de ganar, líder de causas perdidas, portador de pancartas…, un hombre de mirada honesta y discurso brillante.

A Ladislao Martínez sus amigos y compañeros le llamaban Ladis, y fue el pionero del ecologismo político y social en España y uno de los fundadores de Ecologistas en Acción. En los años ochenta se implicó en campañas contra las centrales nucleares, lo que fue su bautizo en el mundo del ecologismo activo y, desde entonces, no pasó un solo día sin que Ladis acudiera a una manifestación, diera una charla o se implicara en alguna causa a favor del medioambiente y los derechos humanos.

Comprometido con la política, siempre militó en partidos de izquierda, aunque nunca quiso entrar en primera línea, y prefirió mantener su puesto de profesor de Química en un instituto de Vallecas y continuar la lucha en la calle. Participó en movimientos pacifistas como la comisión Anti-OTAN o la Marea Verde, pues era un firme defensor de la educación pública y de la igualdad de oportunidades.

Fue también un hombre coherente y aplicaba sus ideas ecologistas en su día a día: nunca condujo un coche y, si algún amigo encendía el aire acondicionado, le sugería educadamente que era mejor abrir la ventanilla.

Fue en el campo de la energía donde concentró la mayor parte de sus esfuerzos y reivindicaciones. Conocía como pocos el funcionamiento del mercado eléctrico español y apostaba por las energías renovables, luchando contra nucleares y centrales térmicas, siempre con argumentos repletos de datos, cifras y estudios científicos.

Un ecologista es una persona que tiene
más razón de la que le gustaría.

LAURA LEONOR VÁSQUEZ PINEDA

SAN RAFAEL LAS FLORES (GUATEMALA), 1970 – 16 DE ENERO DE 2017

Érase una vez una mujer fuerte que quiso defender la tierra que la vio nacer. Laura nació y vivió en un pequeño pueblo de Guatemala, San Rafael las Flores, y cuando la vida en su comunidad se vio amenazada no dudó en iniciar una lucha pacífica.

Laura organizó a las mujeres de su comunidad y creó el Comité en Defensa de la Vida y la Paz de San Rafael las Flores, que defendía la posesión del territorio por parte de la comunidad. La causa que originó la creación del comité fue la instalación en la región de la empresa Tahoe Resources Inc. con su filial, la Empresa Minera San Rafael, lo que provocó un gran rechazo en la comunidad, pues consideraban que podría causar daños medioambientales irreversibles. Además, la licencia para la explotación de la mina había sido concedida ilegalmente por el Gobierno.

En 2012, como parte de sus acciones pacíficas y reivindicativas, el Comité en Defensa de la Vida y la Paz organizó una consulta entre los vecinos de la zona para preguntar su opinión sobre la instalación de la mina: más de diez mil personas votaron en contra; tan solo hubo ciento sesenta y nueve votos a favor. Lejos de escuchar la voz de las comunidades, la empresa y el Estado reprimieron con violencia su protesta y en 2013 se declaró el estado de sitio en varios municipios. Laura fue detenida y encarcelada durante siete meses. Quedó en libertad, sin que pudiera demostrarse ninguno de los delitos que el Gobierno le imputaba. Los esfuerzos de Laura, los vecinos y el Comité de Defensa de la Vida continuaron, hasta que la noche del 16 de enero de 2017, unos desconocidos entraron en su casa y la asesinaron. Su único crimen fue luchar por sus ideas.

Laura fue una mujer hermosa, valiente y fuerte que ha traído un aporte histórico en la defensa de la tierra, de los ríos, de los lagos, de las montañas. Fue una mujer que no claudicó.

⇒ LAWRENCE ANTHONY ⇐

JOHANNESBURGO (SUDÁFRICA), 17 DE SEPTIEMBRE DE 1950 – 2 DE MARZO DE 2012

Érase una vez un hombre risueño y amable, dueño de una reserva para animales en el corazón de Zululandia, en Sudáfrica. Y érase otra vez el día en que este hombre recibió un curioso regalo: una manada de elefantes.

No eran elefantes normales: se habían escapado de otras reservas embistiendo las vallas electrificadas, eran agresivos y estaban furiosos con los humanos, pues habían matado a varios miembros de su manada. Era un regalo peligroso, pero Lawrence lo aceptó y los acogió en su reserva, Thula.

Para evitar que volvieran a escapar, Lawrence conducía cada amanecer hasta la valla donde Nana, la líder de la manada, y los demás elefantes se preparaban para huir. Lawrence, desde el otro lado de cercado, repetía: «No lo hagas, Nana. Si os escapáis, os matarán a todos. Esta es vuestra casa. No tenéis que huir más». Pasaron muchos muchos días, y Lawrence continuó repitiendo esas palabras, conviviendo día y noche con ellos, hasta que, por fin, hombre y elefantes se escucharon, se entendieron y se convirtieron en familia. Un vínculo que duraría para siempre.

Lawrence explicaba en su libro, *El hombre que susurraba a los elefantes*, que estos animales pueden comunicarse entre ellos a cientos de kilómetros de distancia. Los infrasonidos que emiten desde sus estómagos son parecidos a los de las ballenas. Sus vibraciones palpitan por todo el planeta creando canales que cubren todo su hábitat, y con la ayuda de sus orejas y sus patas reciben la señal de vuelta de una forma que parece casi mágica.

Cuando Lawrence falleció, dos manadas de elefantes salvajes aparecieron de improviso ante la puerta de su casa. Habían caminado durante doce horas para llegar hasta allí y llorar la pérdida de su amigo.

Sabía que Nana no entendía el inglés, pero esperaba que por el tono de mi voz y mi lenguaje corporal entendiera lo que estaba diciendo. Y una mañana, en lugar de intentar derribar la cerca, se quedó allí parada.

LEEANNE WALTERS

NUEVA JERSEY (EE. UU.), 1977

Érase una vez la ciudad de Flint, en el estado de Michigan. Había sido una ciudad próspera, pero a finales del siglo XX la reconversión industrial y la crisis económica trajeron delincuencia y pobreza. Sin embargo, esos no eran los mayores peligros para los vecinos. El mayor peligro era el agua del grifo.

En 2014, cuando el Gobierno local decidió usar el agua del río Flint para abastecer a la ciudad, comenzaron los problemas. El río estaba contaminado por los vertidos de las industrias químicas y madereras, y miles de habitantes acumularon, sin saberlo, altos niveles de plomo en sangre.

LeeAnne tenía cuatro hijos. A sus mellizos les apareció un sarpullido en la piel, otra de sus hijas comenzó a perder mechones de pelo y el mayor cayó enfermo. Cuando el agua del grifo empezó a salir marrón, LeeAnne supo que la causa de todas esas enfermedades estaba en el agua. Denunció el caso a las autoridades, que comprobaron que, efectivamente, el nivel de plomo en su casa superaba las 400 partes por millón, cuando según la Agencia de Protección Medioambiental (EPA) la concentración máxima que permite la ley es de 15 partes por millón. Sin embargo, dijeron que se trataba de un caso aislado y que estaba controlado. No era verdad y LeeAnne lo sabía. Para demostrarlo se alió con Mark Edwards, investigador de la Universidad de Virginia, y juntos recogieron más de ochocientas muestras de agua de hogares de Flint, revelando que los altos niveles de plomo estaban presentes en toda la ciudad. La presión pública aumentó y, por fin, el gobernador de Michigan anunció que se dejaría de usar el agua del río Flint y declaró el estado de emergencia. Aunque el problema aún no está solucionado, fue, sin duda, una gran victoria.

Lo único que quiero es que la gente tenga acceso
a agua potable; es un derecho humano.

LEONARDO DICAPRIO

LOS ÁNGELES (EE. UU.), 11 DE NOVIEMBRE DE 1974

Érase una vez un gran actor de Hollywood, una estrella cuya fama traspasaba fronteras y cuyo nombre era conocido y admirado en todo el mundo. Millones de personas veían sus películas y le seguían en las redes sociales. Todo lo que Leonardo DiCaprio escribía, hacía o decía llegaba hasta el último rincón del planeta, y eso Leo lo sabía.

Después de su éxito en películas como *Romeo y Julieta* o *Titanic*, Leo decidió invertir parte de su tiempo, fama y recursos en la lucha por la defensa del medioambiente. Para ello creó en 1998 su propia fundación, la Leonardo DiCaprio Foundation (LDF), con el objetivo de proteger los últimos lugares salvajes que quedaban en el planeta. Con los años, la LDF se dedicó también a recaudar fondos para financiar programas que abarcaban diversos temas, como la conservación de tierras silvestres, la conservación de los océanos, el cambio climático, los derechos indígenas o la búsqueda de soluciones innovadoras.

Además del trabajo realizado en su fundación, Leo utiliza sus redes sociales para concienciar a sus seguidores sobre la gravedad del cambio climático y la necesidad urgente de transformar nuestros hábitos de vida y consumo. Cambios que él mismo empezó a adoptar en su casa, sus viajes, etc. También ha escrito, dirigido, narrado y producido películas y documentales sobre diferentes aspectos de la crisis climática mundial: *The 11th Hour*, *Before the Flood*, *And We Go Green*, *Virunga* o *Last Hours*.

En reconocimiento al gran trabajo de la LDF, Leonardo fue nombrado Mensajero de la Paz de las Naciones Unidas contra el cambio climático y recibió el Premio Clinton Global Citizen 2014.

El cambio climático es real, está ocurriendo ahora mismo. Es la amenaza más urgente a la que se ha de enfrentar nuestra especie. Necesitamos trabajar juntos y dejar de procrastinar.

LOIS GIBBS

NIAGARA FALLS (EE. UU.), 25 DE JUNIO DE 1951

Érase una vez un barrio llamado Love Canal, situado cerca de las famosas cataratas del Niágara. Era un lugar agradable, donde más de mil familias vivían tranquilamente, pero un día se descubrió la venenosa verdad que se escondía debajo de sus hogares.

Lois era una joven ama de casa, madre de un niño que padecía epilepsia, asma e infecciones urinarias. Y no era el único caso: muchos vecinos caían enfermos y se estaba produciendo un número extrañamente alto de abortos, muertes durante el parto y defectos de nacimiento. Algo no iba bien.

Las sospechas de Lois y los vecinos de Love Canal se confirmaron cuando en 1976 periodistas locales descubrieron que su barrio había sido construido sobre un enorme vertedero de productos químicos tóxicos. Al parecer, en la década de los cuarenta, varias empresas y el Ayuntamiento de Niagara Falls habían utilizado un antiguo canal como vertedero para todo tipo de productos y, cuando se llenó, lo cubrieron de tierra. Veintidós mil toneladas de residuos tóxicos quedaron ocultas bajo seis metros de tierra. Con el tiempo, los químicos se habían filtrado hasta las corrientes subterráneas y se estaban extendiendo por toda la zona.

Cuando el Ayuntamiento negó cualquier relación entre los problemas de salud y el vertedero tóxico, Lois lideró las movilizaciones de los vecinos, que exigían la reubicación de las familias, el pago de indemnizaciones y la limpieza del suelo contaminado. Les llevó dos años de lucha conseguir que el Gobierno federal se implicara y accediera a sus reivindicaciones, pero lo lograron.

Tras esa primera victoria, Lois se mudó a Washington D. C. y fundó una organización para aconsejar y ayudar a otras comunidades con los mismos problemas que Love Canal.

Nunca pensé en mí como una activista u organizadora. Yo era un ama de casa, una madre, pero de repente se trataba de mi familia, de mis hijos, de mis vecinos.

MADRES POR EL CLIMA

ESPAÑA, 2019

Érase una vez veinte madres, un grupo de WhatsApp y una preocupación que todas compartían: la salud de sus hijos y los problemas respiratorios producidos por la contaminación y el cambio climático.

Aquellas madres eran muy conscientes de la grave crisis climática que atraviesa el planeta, conocían los movimientos juveniles, como Fridays for Future, que empezaban a surgir en todo el mundo y decidieron ayudar a los jóvenes en la lucha por su derecho a heredar un planeta sano, limpio y sin fecha de caducidad. Sentían que, como madres, tenían el deber de acompañar, cuidar y presionar para que se escuchara a la juventud en sus reivindicaciones.

Desde el chat se comenzó a difundir un mensaje de apoyo a aquellos jóvenes y en menos de una semana se había alcanzado el tope del grupo de WhatsApp y más de mil seguidores en Twitter. Desde entonces, el movimiento no ha dejado de crecer y madres (y padres) de toda España se han unido a la iniciativa.

Además de convocar movilizaciones y reclamar medidas de acción urgentes contra el calentamiento global, la preocupación fundamental de Madres por el Clima era implicar a los colegios en sus reivindicaciones. Sabían que la educación es fundamental para enseñar hábitos de consumo sostenibles a las nuevas generaciones, para que no pongan en peligro la delicada salud del planeta.

Una de sus primeras acciones para apoyar el movimiento juvenil de Fridays for Future consistió en animar a las familias para que sus hijos asistieran al colegio cada viernes vistiendo una camiseta blanca personalizada con un lema en defensa del clima. Fue un primer gesto para concienciar a las escuelas de una lucha que nos afecta a todos, pero, sobre todo, a nuestros hijos.

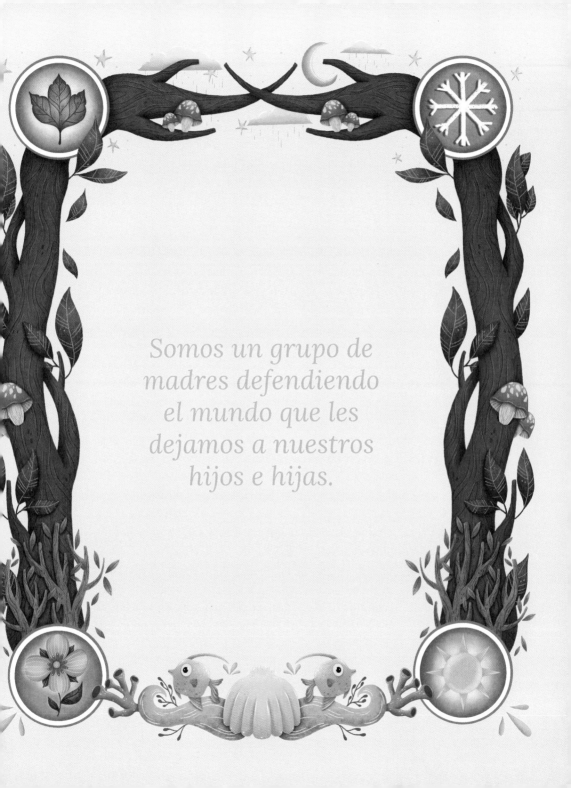

Somos un grupo de
madres defendiendo
el mundo que les
dejamos a nuestros
hijos e hijas.

MAKOMA LEKALAKALA

SOWETO (SUDÁFRICA), 1966

Érase una vez una mujer que descubrió que el Gobierno de su país escondía un peligroso secreto: había firmado un acuerdo con Rusia para construir hasta diez centrales nucleares en Sudáfrica. Si se llevaba a cabo, podría suponer una catástrofe medioambiental para el país.

Makoma tenía bastante experiencia como activista medioambiental y conocía los peligros de la energía nuclear. Era la directora de Earthlife Africa, una organización vinculada a cuestiones ambientales. Buscó aliados para su lucha y encontró a Liz McDaid, la coordinadora de cambio climático del Instituto del Medio Ambiente de África Meridional para Comunidades Religiosas (SAFCEI), una organización dedicada a enfrentar la injusticia ambiental.

El lugar propuesto para la primera central nuclear era la costa de Puerto Elizabeth, donde el agua tibia descargada por el sistema de enfriamiento de la estación nuclear habría elevado la temperatura del océano, lo que perjudicaría la vida marina y pondría en peligro los medios de subsistencia de los pescadores.

Las dos mujeres desarrollaron una estrategia para frenar el proyecto con el argumento de que el acuerdo se había mantenido en secreto y había pasado por alto el proceso legal, sin ninguna consulta pública o debate parlamentario. Makoma y Liz se reunieron con comunidades de todo el país y explicaron los riesgos financieros y los impactos ambientales y de salud humana, y organizaron marchas y manifestaciones públicas por toda Sudáfrica.

En abril de 2017, el Tribunal Superior del Cabo Occidental dictaminó que el acuerdo nuclear era inconstitucional y detuvo el proyecto. Makoma y Liz obtuvieron una victoria legal histórica.

Las futuras generaciones no podrán tener empleos,
alimentos y agua si continuamos destruyendo
el medioambiente. Solo crearemos un futuro mejor y sostenible
si no invertimos en industrias contaminantes.

MARIO MOLINA

CIUDAD DE MÉXICO (MÉXICO), 19 DE MARZO DE 1943

Érase una vez un niño, fascinado por la química, que un día quiso convertir su cuarto de baño en un laboratorio para realizar experimentos. Aquello fue solo una travesura, pero lo que descubriría años más tarde le hizo ganar un Premio Nobel.

Tras acabar la carrera de Ciencias Químicas, Mario empezó a estudiar un grupo de partículas químicas derivadas de procesos industriales llamadas clorofluorocarbonos o CFC. Corría el año 1972 y, en aquel entonces, nadie estaba preocupado por la capa de ozono. Esta capa de la atmósfera nos protege de los rayos solares ultravioletas y nada hacía presagiar que pudiera destruirse. Por otro lado, el uso de los CFC era cada vez más popular. Las investigaciones de Mario confirmaron lo que parecía imposible: ni la capa de ozono era indestructible, ni los CFC eran sustancias inofensivas.

Mario y su colega de investigación, Frank Rowland, publicaron los resultados de su estudio en la revista *Nature*. En el artículo, advirtieron de la amenaza que suponía el uso de los CFC para la capa de ozono. Lograr que la comunidad científica, los gobiernos e incluso los ciudadanos creyeran el peligro que suponía el uso de CFC fue un proceso lento; sin embargo, la tenacidad y la confianza de los dos científicos en sus investigaciones hicieron que, finalmente, la Academia de Ciencias publicara un informe validando sus tesis.

En 1985 se descubrió el agujero en la capa de ozono y se confirmaron las teorías de Mario y Frank. Aquel descubrimiento movilizó a decenas de países, y en 1987 se firmó el Protocolo de Montreal, por el cual las naciones fabricantes de CFC se comprometían a detener la producción y a sustituirlo por compuestos menos dañinos para el ambiente.

La capa de ozono es un ejemplo importantísimo de un problema global que se ha podido resolver con éxito.

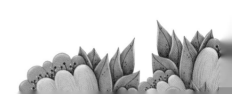

MARTIN VON HILDEBRAND

NUEVA YORK (EE. UU.), 26 DE ENERO DE 1943

Érase una vez un hombre que nació en Nueva York, se crio en Bogotá, estudió en París y Dublín y, sin embargo, en su corazón latía con fuerza la selva. Y ese hombre decidió que allí estaba su hogar, junto a los pueblos que habitan en la selva amazónica.

Martin supo que dedicaría su vida a la conservación del Amazonas cuando en 1969 navegó en una canoa río arriba durante cuatro meses. En aquel viaje conoció las culturas de varias tribus indígenas y quedó fascinado al ver que aquellas comunidades vivían según sus costumbres propias y antiguas, en armonía con la naturaleza. En aquel momento, la selva le sedujo para siempre. Sin embargo, en ese viaje descubrió también una parte oscura: la acción del hombre blanco, del modo de vida occidental, estaba devastando tierras y tribus. Se sintió avergonzado al ver cómo la cultura a la que pertenecía se comportaba de una manera tan cruel.

A su regreso, Martin entró a trabajar en la oficina de Asuntos Indígenas del Ministerio de Gobierno y, desde allí, peleó para asegurar los derechos territoriales de los indígenas. Quería que ellos fueran dueños de sus tierras y así ponerlos a salvo de la explotación industrial de las codiciadas riquezas naturales del Amazonas.

En 1990 creó la Fundación Gaia Amazonas con el objetivo de establecer el corredor ecológico más largo del mundo, que iría desde Colombia hasta el océano Atlántico. El proyecto, conocido como «Corredor Biológico Andes-Amazonas-Atlántico», buscaba proteger ciento treinta y cinco millones de hectáreas de bosques, evitar la deforestación y preservar los derechos de las tribus indígenas.

En Occidente no vamos a resolver solos el problema del cambio climático. Hay cosas que nos pueden inspirar. Los indígenas conviven con la biodiversidad, y su cultura la refleja.

MASANOBU FUKUOKA

Érase una vez un hombre que se dedicó durante más de setenta años a cultivar la tierra. Y no lo hizo de la manera habitual, sino que inventó un sistema de cultivo ecológico y único al que llamó «agricultura natural».

Aquel hombre tenía veinticinco años cuando sufrió una neumonía que le provocó una crisis existencial. Decidió entonces abandonar su trabajo en la administración e instalarse en una pequeña cabaña en la granja familiar. Allí trabajaría la tierra y experimentaría nuevas formas de cultivo.

Masanobu descendía de una familia de agricultores que llevaba siglos cultivando el campo, había estudiado Biología y conocía bien la tierra. Sabía que el sistema agrícola que se utilizaba destruía la biodiversidad y provocaba desertización, así que, en vez de preguntarse qué podía hacer para aumentar la producción, decidió pararse a pensar qué podía hacer para cultivar la tierra de una manera natural, respetando sus ciclos.

De esta manera, desarrolló un método que lleva su nombre: el método Fukuoka, que en esencia propone reproducir las condiciones naturales de la naturaleza tan fielmente como sea posible. Los principios básicos de su método eran: no arar, no usar abonos ni fertilizantes, no eliminar malas hierbas ni usar pesticidas, no podar y sembrar mediante bolas de arcilla llamadas Nendo Dango.

El método Fukuoka desarrolló la filosofía del no-hacer (Wu-Wei) o, mejor dicho, intervenir lo mínimo y necesario en los procesos naturales para permitir que sea la naturaleza quien «realice todo el trabajo», pues sabe hacerlo mejor que el ser humano. Los resultados fueron espectaculares. El arroz que cultivó Masanobu posee casi el doble de granos y de mayor tamaño que el cultivado de la manera habitual.

Si se le da una oportunidad a la naturaleza,
ella lo hace todo por su cuenta. ¡Nosotros no cultivamos
la comida, la naturaleza cultiva la comida!

MÁXIMA ACUÑA

PERÚ, 1970

Érase una vez una campesina que no sabía leer ni escribir, pero que sabía cultivar la tierra, cuidar del ganado y proteger los ríos y los árboles que rodeaban la pequeña casita donde vivía con su familia en las tierras altas de Perú.

La mujer era feliz, hasta que sucedió que el Gobierno de su país y grandes compañías mineras se dieron cuenta de que bajo las tierras de Máxima se ocultaba un tesoro de oro y cobre. Y, por supuesto, querían apropiarse de esas tierras y explotar sus riquezas, sin importarles el daño que pudieran causar a las personas y al medioambiente.

Máxima era una mujer pequeña, de aspecto frágil, pero su corazón era grande, fuerte y valiente. Se negó a abandonar su casa a pesar de las amenazas y de los ataques a su familia, a sus cosechas y a la tierra que tanto amaba. Denunció los ataques ante la justicia de su país e inició una batalla legal contra esas grandes compañías mineras. Parecía imposible que una mujer analfabeta y sencilla tuviera una oportunidad en su lucha contra gigantes económicos mundiales, pero, tras perder varios juicios, por fin consiguió que la justicia le diera la razón y le permitiera conservar su casa y sus tierras.

Hoy en día, Máxima sigue defendiendo no solo su parcela, sino los derechos a la alimentación, la salud y un medioambiente sano.

Gracias a su valentía, en 2016 fue galardonada con el Premio Goldman, el más prestigioso galardón medioambiental.

Yo defiendo la tierra, defiendo el agua, porque eso es vida.

NICANOR PERLAS

MANILA (FILIPINAS), 1950

Érase una vez un hombre criado en una familia acomodada de Manila. Estudió en una universidad de élite en la que se educaban los hijos de hombres importantes y poderosos. Parecía que su vida estaba resuelta.

Pero Nicanor quería otro futuro para sí mismo y para sus compatriotas. Se dio cuenta de que su vida protegida y privilegiada era una vida vacía y sin sentido en medio de la pobreza y la opresión que se vivía en Filipinas, así que decidió estudiar Agricultura para poder ayudar a las personas más pobres.

Y lo hizo. Desde muy joven organizó una movilización masiva tras otra para desafiar al Gobierno de su país y crear una realidad más justa y sostenible. Recibió amenazas de muerte y tuvo que exiliarse un tiempo a Estados Unidos; sin embargo, ningún obstáculo le impidió seguir luchando. Fundó en Manila el Centro de Iniciativas de Desarrollo Alternativo (CADI), consiguió evitar que se construyeran doce centrales nucleares, logró que se prohibieran treinta y dos pesticidas que amenazaban la salud y el modo de vida de los campesinos y se convirtió en uno de los líderes ambientales de Filipinas.

Fue uno de los impulsores del proyecto Lifebank, un organismo de financiación solidaria que concede microcréditos a las comunidades rurales pobres, iniciativa de la que se han beneficiado más de quince mil familias.

Las iniciativas de Nicanor se basan en lo que él llama «triarticulación social». Según este concepto, es necesario poner de acuerdo a los tres poderes globales: Gobierno (representando preocupaciones políticas), empresas (representando preocupaciones económicas) y sociedad civil (representando preocupaciones culturales y humanas); solo entonces se conseguirán resolver los principales problemas mundiales.

En lo imposible yace la semilla del futuro.

PATRICIA GUALINGA

SARAYAKU (ECUADOR), 1969

Érase una vez una mujer indígena, de una tribu de poco más de mil trescientas personas, que vivía en un pequeño pueblo en la Amazonia ecuatoriana, Sarayaku, cuyo nombre significa «río de maíz».

Era una comunidad pequeña y, sin embargo, Patricia logró llevar la voz de su pueblo más allá de las fronteras de Ecuador y se convirtió en una de las diez mujeres más influyentes en la defensa del planeta.

Patricia nació y creció en una familia de líderes indígenas que defendían los derechos de su tribu. Cuando una empresa petrolera apareció en su territorio y provocó desastres humanos y ambientales, Patricia se dio cuenta de que su hogar, la Amazonia, estaba amenazado; el Gobierno de Ecuador concedía permisos de extracción a empresas internacionales, y estas empresas imponían su ley trayendo violencia, injusticia y dolor. El pueblo entero se levantó para exigir justicia. Sabían que sería una lucha larga y difícil, pero sabían también que su lucha era justa y no iban a rendirse.

En 2012, tras más de diez años de proceso judicial contra el Estado de Ecuador, la Corte Interamericana de Derechos Humanos (CIDH) falló a favor del pueblo Sarayaku en una sentencia sin precedentes. La Corte dictaminó que el Gobierno ecuatoriano había violado un derecho internacional reconocido en la Declaración de los Derechos Humanos: el derecho de las comunidades indígenas a ser consultadas, así como su derecho a la tierra y a su identidad cultural.

Patricia es una de las treinta mujeres de siete nacionalidades de la Amazonia de Ecuador que integran el grupo de Mujeres Amazónicas. Son mujeres de diferentes generaciones y procedencias que se han unido para defender su territorio, su gente y su cultura.

Nuestra lucha es por la vida, por la justicia, por la Madre Tierra.
Por las mujeres, los jóvenes, nuestros hijos, y sus hijos.
¡Por nuestro futuro!

PAULO ADARIO

BRASIL, 1949

Érase una vez un hombre que tuvo una idea que salvó a miles de árboles, una idea que evitó la deforestación y contribuyó a la reducción del CO_2 en la atmósfera.

Paulo era coordinador de Greenpeace para la campaña del Amazonas y conocía bien los riesgos de enfrentarse a las empresas madereras y agrícolas que buscan enriquecerse con negocios legales o ilegales, sin importarles arrasar la selva dejando un rastro de destrucción tras sus excavadoras. El mismo Paulo fue amenazado de muerte en más de una ocasión por defender su querida y amada selva. Pero ninguna amenaza conseguiría que cesara en su empeño de denunciar el comercio ilegal de madera.

Durante más de veinte años, Paulo dirigió un equipo que trabajaba en lo más profundo de la selva amazónica, en los concurridos pasillos del Congreso brasileño y en las luminosas salas de juntas de las grandes corporaciones, con el fin de llegar a acuerdos que protegieran la Amazonia. A lo largo de aquellos años, Paulo logró éxitos tan importantes como una moratoria al comercio internacional de la madera de caoba, la protección de las tierras de la comunidad deni, la creación de áreas protegidas en Brasil o la moratoria de la soja.

En 2012, la ONU reconoció el trabajo de Paulo y le otorgó el premio «Héroe de los Bosques», por su lucha contra la destrucción de las selvas de su país. En palabras de Paulo: «Este premio es un claro mensaje de las Naciones Unidas sobre la crisis a la que se enfrentan nuestros bosques y cómo su conservación es clave para mantener el equilibrio de nuestro planeta, así como para prevenir las amenazas del cambio climático».

Creo que ayudé a Greenpeace a tener una visión menos europea. Una mirada más preocupada por la pobreza, la miseria y no solo el medioambiente. Después de todo, las víctimas de la destrucción del medioambiente son víctimas de la injusticia social.

PEDRO ARROJO

MADRID (ESPAÑA), 13 DE ABRIL DE 1951

Érase una vez un doctor en Física, profesor de universidad, que un buen día, hace más de treinta años, desarrolló una nueva manera de entender y abordar el problema de la gestión del agua en España.

Pedro era ya un reconocido experto en economía y conservación del agua cuando un grupo de vecinos de uno de los pueblos amenazados por la puesta en marcha del Plan Hidrológico Nacional (PHN) del presidente Aznar le pidió ayuda. Sus pueblos estaban en peligro por la construcción de presas, y temían las consecuencias económicas y medioambientales. Los resultados de la evaluación que Pedro llevó a cabo fueron tan claramente negativos que se comprometió a crear un movimiento de base nacional para detener el PHN.

Además de movilizar a los ciudadanos, Pedro publicó investigaciones sobre el impacto social y económico del PHN, presentó demandas y emprendió huelgas de hambre con los alcaldes de las ciudades amenazadas. Como era de esperar, el Gobierno y las empresas interesadas en el proyecto trataron de desacreditarle describiéndole como un ecologista radical y minusvalorando su trayectoria científica y profesional. Lejos de rendirse, Pedro intensificó sus esfuerzos con el apoyo de la mayoría de la comunidad científica española.

Con el objetivo de buscar alternativas para un uso sostenible del agua, Pedro desarrolló un nuevo concepto: la Nueva Cultura del Agua, que se concretó con la creación de una fundación del mismo nombre. Su objetivo era fomentar iniciativas de I+D+I, educación, cooperación para el desarrollo y defensa del medioambiente relacionadas con el agua.

Pedro fue el primer español galardonado con el Premio Goldman, también conocido como el Nobel Verde, la más prestigiosa distinción medioambiental del mundo.

La crisis global del agua no es de escasez,
sino de salud del planeta.

PETE SEEGER

Érase una vez un hombre bueno, buscador de causas perdidas, que durante toda su vida combatió las injusticias sociales, el racismo, las guerras, los desastres medioambientales…, y todo eso con una sola arma: la música.

Antes de dedicarse a la canción, Pete estudió Derecho en Harvard y allí dirigió el periódico de la universidad con la intención de denunciar cualquier injusticia a su alrededor. En su época de estudiante descubrió el banjo, las músicas tradicionales y se unió a la Liga de Estudiantes Comunistas; todos aquellos descubrimientos le marcarían para siempre como persona y como artista. Harvard le retiró la beca, pero Pete ya sabía cuál era el camino que debía cantar y andar.

Caminó por todo el territorio de Estados Unidos, cantó junto con los más grandes artistas de la época, como Woody Guthrie, Bob Dylan o Joan Baez. Fue perseguido por las autoridades americanas por sus ideas políticas, se involucró en la lucha por los derechos civiles de las personas negras, por la dignidad de los homosexuales, en contra de la energía nuclear y en apoyo del medio rural.

Pete y su familia vivían lejos de la ciudad, en una pequeña cabaña de madera que se habían construido ellos mismos. Estaba cerca del río Hudson y, cuando Pete navegó por primera vez por aquel río, descubrió que estaba totalmente contaminado, lleno de residuos químicos, urbanos e industriales. En ese río encontró una nueva causa por la que luchar, así que cogió su guitarra, convocó a sus amigos y en un barco recorrieron el Hudson realizando conciertos, repartiendo panfletos, dando charlas en colegios y comunidades. Y triunfó. Hoy en día el Hudson es un río limpio y la fundación que Pete creó, The Hudson River Sloop Clearwater, continúa vigilando que siga siendo así.

La humanidad tiene un 50 % de posibilidades de seguir aquí dentro de cien años si aprende que la gente más feliz es aquella que trabaja unida.

PLATAFORMAZEO

BARCELONA, 2016

Érase una vez un grupo de personas, instituciones y empresas que un buen día decidieron ser Z.E.O. (Zero Emissions Objective) o, lo que es lo mismo, personas inquietas y concienciadas con un objetivo común: frenar el cambio climático de acuerdo con las directrices del Acuerdo de París.

Para conseguirlo crearon en 2016 la PlataformaZEO y pusieron en marcha una serie de acciones con el propósito de pasar de la concienciación a la acción. Entre esas iniciativas estaban las llamadas TrobadesZEO, en las que grupos de voluntarios se reunían para limpiar bosques en poblaciones cercanas a Barcelona. En total, en sus TrobadesZEO recogieron más de seiscientos kilos de basura. No se trataba solo de limpiar el bosque, sino que, además, al recoger desperdicios se conseguía evitar que, al descomponerse, generasen gases de efecto invernadero, que son los que provocan el calentamiento global.

En PlataformaZEO tenían un lema: sin conocimiento no puede haber acción. Por eso, la difusión y concienciación del problema del cambio climático se convirtió en uno de los ejes fundamentales de su trabajo. Solo explicando las consecuencias de seguir con nuestro actual sistema de consumo y con una economía de carbono seríamos capaces de implicar a la sociedad en la lucha. Para conseguirlo, su presidente, Josep Maria Riba, realizaba conferencias poniendo énfasis no solo en el problema del cambio climático, sino también en las soluciones y acciones que todos podríamos realizar para frenar ese avance. Además, a través de su página web y las redes sociales, informaban de nuevas acciones y explicaban ideas ZEO, ideas que todos podemos empezar a adoptar para conseguir ser gente ZEO o, lo que es lo mismo: gente cero emisiones.

Tenemos que declarar el estado de emergencia climática también en nuestra casa.

PREMIO MEDIOAMBIENTAL
❧ GOLDMAN ☙

SAN FRANCISCO (EE. UU.), 1990

Érase una vez un matrimonio estadounidense de filántropos con un generoso deseo vital: «Nos gustaría dejar el mundo un poco mejor de como lo encontramos». Generoso, sí, pero ¿cómo lograrlo? ¿Cómo podrían aportar su granito de arena en la lucha por la defensa de la Tierra?

Richard y Rhoda Goldman decidieron ayudar al planeta con la creación del Premio Goldman, un galardón que se concedería anualmente a personas que hubieran destacado por su labor en defensa de la naturaleza y el medioambiente. Su intención al crear el premio era demostrar que los problemas medioambientales son internacionales, pues nos afectan a todos los habitantes de la Tierra, y, sobre todo, reconocer a ciudadanos anónimos cuyo trabajo, sin un altavoz como el Premio Goldman, hubiera pasado desapercibido.

Cada año se concedían seis premios distribuidos en seis categorías según la zona geográfica: África, Asia, Europa, las naciones insulares, América del Norte, América Central y América del Sur. Los nominados a los premios eran elegidos por un grupo de instituciones y expertos internacionales que trabajaban en temas ambientales y, más tarde, un jurado interno elegía a los seis ganadores.

El Premio Goldman, también conocido como el Nobel Verde, se convirtió en el premio más importante del mundo en el campo de la defensa de la naturaleza y el medioambiente. No solo actúa como altavoz para las causas medioambientales locales, sino que también proporciona ayuda financiera a los ganadores para que puedan continuar su lucha.

Nos gustaría dejar
el mundo un poco
mejor de como lo
encontramos.

PROGRAMA DE REVITALIZACIÓN RURAL VERDE DE ZHEJIANG

ZHEJIANG (CHINA), PREMIADO EN 2018

Érase una vez, en la lejana China, una provincia rica y fértil bañada por caudalosos ríos. Abundaban los cultivos de arroz y té blanco, y sus habitantes vivían felices en hermosos pueblos con casas de paredes blancas y techos negros.

La provincia de Zhejiang era una de las más ricas de China, pero su rápido desarrollo tuvo un coste terrible: se demolieron casas antiguas, se dañaron los cursos de agua y se derrumbaron las riberas de los ríos. Las aguas residuales domésticas e industriales fueron vertidas en canales y volvieron negras las transparentes aguas de los ríos. El nivel de contaminación llegó a extremos insostenibles y causó enfermedades en los habitantes de Zhejiang.

Para salvar aquellas tierras, el Gobierno chino lanzó el Programa de Revitalización Rural Verde de Zhejiang, centrado en el desarrollo ecológico de la región. El programa tenía como objetivo mejorar la gestión del agua, la gestión de residuos y el reciclaje para transformar la provincia. Se nombraron sesenta y un mil jefes de río, cada uno de los cuales tenía a su cargo un tramo de agua. Su función era proteger y limpiar los ríos y vías fluviales en toda la región, previniendo y controlando la contaminación y gestionando la restauración ecológica. Hoy, el 97 % de las aldeas en Zhejiang han transformado sus vías fluviales contaminadas en ríos limpios y potables, lo que ha beneficiado a treinta millones de residentes.

Esta iniciativa recibió el premio Champions of the Earth (Campeones de la Tierra), otorgado por el Programa de las Naciones Unidas para el Medio Ambiente, por su éxito en la restauración de una zona altamente contaminada.

No promovemos el desarrollo económico a expensas del medioambiente. Las aguas cristalinas y las montañas exuberantes son activos invaluables.

RACHEL CARSON

SPRINGDALE (EE. UU.), 27 DE MAYO DE 1907 – 14 DE ABRIL DE 1964

Érase una vez una niña que amaba dos cosas por encima de todo: la naturaleza y la literatura. Rachel empezó a escribir cuentos sobre animales cuando tenía ocho años; devoraba todos los libros de viajes y aventuras que caían en sus manos y, cuando no estaba leyendo, exploraba las tierras que rodeaban la granja de su familia. En una de aquellas excursiones encontró un gran caparazón fosilizado, y ahí empezó su pasión por el mar y las criaturas marinas.

Tras acabar sus estudios, entró a trabajar como bióloga en la Oficina de Pesca de Estados Unidos y comenzó a recopilar datos sobre los efectos de plaguicidas como el DDT en la vida marina. Y con cada descubrimiento se horrorizaba más y más.

En 1962 publicó su libro más famoso: *Primavera silenciosa*. Rachel era una mujer inteligente y valiente y sabía escribir de una manera didáctica y hermosa, de manera que su mensaje de denuncia llegó a mucha gente. Escribió sobre cómo los venenos utilizados en la agricultura se acumulaban en la cadena alimenticia, con enormes riesgos para la salud humana y efectos terribles para la flora y la fauna.

Su libro fue un éxito de ventas y popularizó la conciencia ecológica en la sociedad americana. Por supuesto, la industria química respondió con dureza y trató de desprestigiar a Rachel acusándola de comunista, fanática de la naturaleza, histérica y solterona. Ella no se rindió y continuó denunciando el uso de plaguicidas.

El éxito de su libro hizo que el Gobierno abriera varias investigaciones sobre el uso indebido de pesticidas, y el informe final le terminó dando la razón a Rachel. Se crearon nuevos organismos de control y se prohibieron ocho de los doce plaguicidas tratados en su libro.

El ser humano es parte de la naturaleza, y su guerra contra la naturaleza es inevitablemente una guerra contra sí mismo.

RAMÓN FERNÁNDEZ DURÁN

SEVILLA (ESPAÑA), 21 DE AGOSTO DE 1947 – 10 DE MAYO DE 2011

Érase una vez un hombre humilde y coherente. Intelectual, escritor e «imaginador» de nuevos futuros para la humanidad y, a la vez, activista a pie de calle, de pancarta en mano y voz firme.

Ramón estudió Ingeniería de Caminos y fue Premio Nacional de Urbanismo, pero no tardó en abandonar su profesión, pues, antes que puentes, prefería construir el incipiente movimiento ecológico en España. Desde los años setenta participó en numerosos movimientos sociales. En los ochenta entró en AEDENAT (Asociación Ecologista de Defensa de la Naturaleza), que más tarde se convertiría en Ecologistas en Acción. Con los años, se convirtió en uno de los impulsores de los movimientos antiglobalización. Argumentó un pensamiento crítico con el capitalismo feroz y la amenaza que representa para el planeta y sus recursos. Gracias a sus libros, generaciones de ecologistas entendieron la economía financiera, el papel de los combustibles fósiles y las graves repercusiones socioambientales de la Unión Europea.

En unos años en los que el cambio climático no se percibía como una amenaza e incluso gobiernos de todo el mundo negaban su existencia, escribió y expuso datos refutando «la gran mascarada» con la que gobiernos y poderes económicos trataban de convencernos. Su pensamiento nunca fue tímido ni cobarde; en ocasiones le calificaron de radical, pero fue siempre un hombre de diálogo, humilde y dispuesto a aprender de los demás. Fue y seguirá siendo uno de los referentes intelectuales de los movimientos sociales en España.

La mayoría de la humanidad está instalada en la catástrofe. Pero la catástrofe es una gran oportunidad de cambio y una ocasión única para desmontar aquello que parecía intocable.

RAÚL MONTENEGRO

CÓRDOBA (ARGENTINA), 1949

Érase una vez un hombre inquieto y, en ocasiones, provocador, defensor de causas perdidas e injusticias medioambientales y humanas. Biólogo, profesor y activista incansable, Raúl participó en cientos de proyectos con un único fin: mejorar el planeta.

Desde 1980, Raúl no dejó de pelear ni un solo día en favor de su comunidad, su país y su planeta. Probablemente, la lucha contra la energía nuclear fue la causa a la que se dedicó con mayor ímpetu, y en ella logró innumerables éxitos. Tras una campaña de seis años, consiguió cerrar minas de uranio, anular varios planes para construir vertederos de desechos nucleares y evitar la construcción de plantas de energía nuclear en Argentina y en Guatemala.

El trabajo de Raúl fue fundamental para la creación de seis parques nacionales y para impedir la desaparición de, al menos, quinientas mil hectáreas de bosques.

Durante cuatro años, Raúl fue subsecretario de Medio Ambiente de Córdoba (Argentina) y promulgó gran cantidad de leyes e iniciativas ambientales impensables hasta entonces. Formó un Consejo de Medio Ambiente y lanzó la Fundación para la Defensa del Medio Ambiente de voluntarios de conservación. En 2003 Raúl se unió a grupos indígenas en su lucha contra las empresas madereras y mineras y los ayudó a luchar en los tribunales por sus legítimos derechos sobre la tierra.

En realidad, todos los ecosistemas del planeta pueden recuperarse con tiempo. El problema es que nosotros, como seres humanos, no disponemos de ese tiempo. Nuestra especie no se dio cuenta a tiempo de que la única forma de sobrevivir en un planeta feroz —y la Tierra es un planeta bello pero feroz— era conservar por lo menos la mitad de cada ecosistema natural. No lo hicimos, y ahora sufrimos las consecuencias.

RED ESPAÑOLA DE CIUDADES POR EL CLIMA

ESPAÑA, 2005

Érase una vez un grupo de pueblos y ciudades que un día comprendieron que la lucha contra el cambio climático debía implicar a los ayuntamientos y no solo a los ciudadanos. Era básico el compromiso de las instituciones para poner en marcha leyes, acciones, campañas y políticas locales, y esa acción debía ser coordinada y común.

Con esta idea surgió en 2005 la Red Española de Ciudades por el Clima. Esta red es la sección de la Federación Española de Municipios y Provincias (FEMP), formada por los gobiernos locales que decidieron integrar en sus políticas la protección del clima. Actualmente la componen casi trescientos ayuntamientos en los que reside más del 60 % de la población española.

Desde sus inicios, la Red coordinó e impulsó las políticas locales de lucha contra el cambio climático de las ciudades y pueblos españoles; una lucha que plantearon desde diferentes ámbitos, como promover el uso de transportes no contaminantes, plantear acciones para reducir el consumo de energía y favorecer el uso de energías renovables, fomentar la prevención, reutilización y reciclado de residuos, reducir la huella de carbono, organizar campañas escolares sobre cambio climático, o poner en marcha talleres para la reducción de emisiones de gases de efecto invernadero en el entorno local.

Fueron los impulsores del primer foro de intercambio de experiencias entre gobiernos locales. Era básico que todos los asociados participasen, pues eran ellos quienes determinaban los proyectos a desarrollar a través de sus grupos de trabajo. Esta participación activa convirtió a la Red en un referente nacional e internacional de colaboración entre administraciones y en un agente impulsor del cambio hacia un modelo de desarrollo sostenible.

Alcanzar nuestros
objetivos trabajando
todos unidos.

RED TERRAE DE MUNICIPIOS AGROECOLÓGICOS

ESPAÑA, 2012

Érase una vez un país con pueblos semivacíos y tierras abandonadas, y érase también una crisis económica y climática mundial. No era un panorama muy alentador y, sin embargo, hubo personas capaces de ver una oportunidad para provocar un cambio en positivo, incluso en unas condiciones tan desfavorables.

Ese país era España, y esas personas eran un grupo de profesionales del desarrollo rural que contactaron con pueblos que formaban parte de lo que se llama «la España vacía o vaciada». Pueblos cuyos habitantes habían emigrado a las grandes ciudades en busca de mejores oportunidades. Tras aquellos primeros contactos, nació la Red Terrae de municipios agroecológicos, con el objetivo de recuperar las tierras abandonadas y transformarlas en cultivos agroecológicos, sostenibles, respetuosos con el medioambiente y basados en la producción local de alimentos. A la vez, se pretendía impulsar el empleo agrario y evitar que los pueblos se vaciaran.

La primera actividad de la Red Terrae fue la creación de un banco de tierras online para poner tierras abandonadas a disposición de personas y asociaciones que quisieran contribuir a la recuperación de la agricultura, siempre desde una perspectiva ecológica. Más tarde, la Red Terrae ofreció servicios de formación y educación y organizó talleres sobre cómo hacer conservas y otros alimentos, con el objetivo de reactivar los mercados locales de alimentos agroecológicos.

La Red Terrae agrupa ya a más de cincuenta municipios en toda España y continúa con su trabajo fomentando una transición agroecológica hacia una economía sostenible y más humana.

La tierra no pertenece al hombre, es el hombre el que pertenece a la tierra.

ROB STEWART

TORONTO (CANADÁ), 28 DE DICIEMBRE DE 1979 – 31 DE ENERO DE 2017

Érase una vez un niño que buceaba cerca de un arrecife. Aquel niño adoraba a los tiburones, a los que solo había visto en televisión. Y, de repente, mientras exploraba esas aguas tranquilas, apareció uno. Lejos de asustarse, Rob miró al tiburón y pensó que era la criatura más grande, poderosa y perfecta que jamás había visto.

Desde ese primer encuentro, la vida de Rob estuvo siempre ligada a los tiburones. Estudió Biología y viajó por todo el mundo como fotógrafo marino para varias revistas. Mientras sacaba fotos en las islas Galápagos, descubrió la matanza de tiburones en una reserva marina, y aquella horrible visión cambió el rumbo de su vida. Desde entonces se dedicó a enseñar al mundo a querer y respetar a estos animales.

De su pasión por defender a los tiburones surgió la idea de grabar *Sharkwater* (*Tiburón, en las garras del hombre*), un fascinante documental en el que Rob denunciaba la explotación y corrupción alrededor de los beneficios de la pesca del tiburón y la práctica del aleteo. Esta terrible técnica consiste en cortar las aletas de los tiburones para venderlas en el mercado asiático, donde se usan como ingrediente para sopas, medicinas y afrodisíacos. Después de cortarles las aletas, los tiburones son devueltos al mar, donde mueren desangrados lenta y dolorosamente.

En el mundo se matan más de cien millones de tiburones al año. La desaparición de estos animales es un problema ecológico más grave de lo que parece, pues los tiburones, al ser los mayores depredadores en mares y océanos, contribuyen al equilibrio del ecosistema marino y, por extensión, a la salud del planeta. El mar absorbe un tercio del CO_2 de la atmósfera, y necesitamos mares y océanos limpios y en equilibrio para seguir respirando.

Te dicen que los tiburones son peligrosos, te advierten que no nades lejos, hasta que ves lo que durante toda tu vida te enseñaron a temer, y resulta que es perfecto, y que no quiere hacerte daño. Y entonces tu mundo cambia por completo.

ROGER OLMOS

BARCELONA (ESPAÑA), 23 DE DICIEMBRE DE 1975

Érase una vez un contador de historias que no necesitaba las palabras; le bastaba con mojar los pinceles en su corazón generoso para inventar nuevos mundos y, sobre todo, hacernos pensar y reinventar el nuestro.

Dibujante desde que aprendió a coger un lápiz, a Roger nunca le gustaron las mentiras que contaban los cuentos infantiles. Nunca se creyó que los elefantes vivieran felices en un circo o que los delfines prefirieran la piscina de un zoo antes que las aguas libres del océano. Y se colocó en la piel de los animales. Sintió el latido de las focas, el aullido del lobo y la tristeza del chimpancé, y se propuso ilustrar la verdad.

Cuenta Roger que se hizo vegano después de ver el documental *Earthlings*, narrado por el actor y activista Joaquin Phoenix. Comprobar lo que, de algún modo, todos sabemos, pero que no queremos creer, y la crueldad con la que los humanos explotamos y utilizamos a los animales fue el impulso definitivo para que Roger abrazara un modo de vida ético para, por y con los animales.

Roger trasladó ese cambio vital a su vida profesional y, en colaboración con la editorial italiana Logos Edizioni y FAADA (Fundación para el Asesoramiento y Acción en Defensa de los Animales), publicó varios libros en los que los animales tienen voz propia, y sus miradas inocentes, asustadas y suplicantes no dejan indiferente a nadie. Sus títulos *Sin palabras* y *Amigos* son, tal vez, sus obras más personales, y en ellas Roger explica temas tan controvertidos como el maltrato animal, las crueldades de la industria alimentaria o la experimentación con animales en laboratorios, y todo eso sin echar mano de imágenes crueles y sin pretender que el lector se sienta culpable. La decisión depende de cada uno.

Mi intención es hacer pensar, sin mostrarte directamente y tampoco decirte lo que tienes que hacer.

RUTH BUENDÍA MESTOQUIARI

CUTIVIRENI (PERÚ), 1977

Érase una vez una mujer tan fuerte y valiente como los árboles y ríos que crecían orgullosos en la tierra de sus antepasados: la selva amazónica de Perú. Y, como ellos, no estaba dispuesta a permitir que ese tesoro natural desapareciese.

Ruth nació en la comunidad nativa asháninka de Cutivireni, en la Selva Central de Perú. Allí vivió hasta los doce años, cuando, tras la muerte de su padre a manos de guerrilleros, se vio obligada a huir. Unos años más tarde, Ruth regresó para convertirse en la voz de su comunidad.

Empezó a colaborar con dos asociaciones indígenas: CARE (Central Asháninka del Río Ene), de la que pronto se convertiría en presidenta, y ARPISC (Asociación Regional de Pueblos Indígenas de la Selva Central). La principal victoria de Ruth al frente de la CARE fue la paralización de la construcción de una central hidroeléctrica en una zona que los asháninkas llamaban «el lugar del águila». Varias empresas habían iniciado el proyecto sin consultar a las comunidades que iban a verse afectadas; los tentaban con la idea de grandes beneficios, pero Ruth nunca se creyó esas promesas. Tenía razón: un equipo de ingenieros del CARE y la fundación Rainforest demostraron que, si el proyecto se llevaba a cabo, significaría el desplazamiento forzoso de cientos de familias y la pérdida de enormes áreas de biodiversidad.

Ruth comenzó una lucha pacífica y constante para alertar sobre los peligros de la hidroeléctrica en las comunidades del río Ene. Presentó quejas ante el Gobierno y se dirigió a organismos nacionales e internacionales, incluyendo la Comisión Interamericana de Derechos Humanos en Washington. Su constancia tuvo recompensa, pues, en 2010, el permiso para construir la presa fue anulado por el Gobierno.

El territorio no es negociable, la vida tampoco.

RUTH HARRISON

Érase una vez una niña que soñaba con ser actriz. Estudió Arte Dramático y, cuando su carrera estaba en marcha, encontró una causa más grande e importante por la que luchar: el bienestar y los derechos de los animales.

Ruth había oído hablar de la terrible situación de algunos animales, sobre todo terneros, en las granjas de producción intensiva. Se dio cuenta de que nadie se había movilizado en contra de aquellas atrocidades y, entonces, lo dejó todo y comenzó a escribir la que sería su gran obra: *Animal Machines* (*Máquinas animales*).

Con su libro, Ruth «abrió» por primera vez las puertas de aquellas granjas al mundo. Contó que los terneros eran separados de sus madres al poco de nacer, que se los ataba en lugares pequeños y oscuros y se los alimentaba a base de leche artificial para engordarlos rápidamente y sacrificarlos a las doce semanas. Describió con detalle el hacinamiento de gallinas, pollos y cerdos en jaulas. Informó sobre la alimentación con antibióticos, hormonas y tranquilizantes, que no tenía en cuenta las consecuencias para el consumidor humano.

Cuando acabó de escribir, Ruth le envió el manuscrito a su admirada Rachel Carson, la autora de *Primavera silenciosa*, para pedirle que escribiera el prólogo. Cuando Rachel leyó aquellas páginas se horrorizó, no podía creer que todo aquello fuera cierto y, por supuesto, aceptó la petición de Ruth.

El éxito del libro fue enorme e hizo reaccionar a la opinión pública inglesa. Tanto fue así que el Ministerio de Agricultura ordenó una investigación sobre el tema. Las demoledoras conclusiones se explicaron en el llamado Informe Brambell, y el Parlamento inglés desarrolló, por fin, leyes que ordenaron y regularon el bienestar de los animales de granja.

La obra de Ruth propició la creación del movimiento bienestarista y de las llamadas cinco libertades, que establecen derechos básicos de los animales, como el acceso al agua y al alimento.

SANDRA STEINGRABER

CONDADO DE TAZEWELL (EE. UU.), 1959

Érase una vez una mujer fuerte, de voz suave y temperamento luchador. Ecologista, superviviente de cáncer, poeta y madre, dedicada a combatir los contaminantes químicos que ponen en peligro nuestro bienestar.

Sandra creció en el condado de Tazewell, Illinois, un área dominada por la agricultura industrial y las fábricas. Sus padres, seguidores de la obra y el pensamiento de Rachel Carson, le transmitieron el amor y el respeto por la naturaleza, y despertaron el interés de Sandra por la sostenibilidad y la agricultura orgánica. Cuando le diagnosticaron cáncer de vejiga en la universidad, sospechó que había demasiados casos de cáncer en su ciudad natal y su familia.

Por fortuna, Sandra superó la enfermedad y comenzó una investigación para confirmar sus sospechas, pues quería demostrar que realmente existen vínculos entre los contaminantes ambientales y el cáncer. Después de años de indagaciones, Sandra recopiló datos, estadísticas, informes científicos, y con toda esta información escribió tres libros que rápidamente se convirtieron en éxitos de venta. En ellos, Sandra denuncia la relación entre cáncer y contaminantes industriales y agrícolas, y afirma que, si bien podemos hacer poco para cambiar nuestra herencia genética, se puede hacer mucho para reducir la exposición humana a los carcinógenos ambientales.

Para Sandra es básico que ciudadanos y, sobre todo, gobiernos tomen conciencia de la gravedad de la situación, y que estos «promuevan y mejoren las políticas ambientales para proteger el desarrollo saludable de nuestros hijos y liberarnos de la dependencia de los combustibles fósiles en todas sus formas tóxicas».

Todos somos músicos en una gran orquesta humana,
y ahora es el momento de tocar la sinfonía «Save the World».
No es necesario que toques un solo, pero debes saber
qué instrumento tienes y tocarlo lo mejor que puedas.

SATISH KUMAR

DUNGARGARH (INDIA), 9 DE AGOSTO DE 1936

Érase una vez un hombre sencillo y bueno, un hombre de sonrisa luminosa y mirada sabia. Los que le conocen cuentan que sus palabras amables transmiten paz y serenidad a aquellos que quieren escuchar.

Satish creció en la India y desde pequeño su madre le enseñó a relacionarse de una manera espiritual con los árboles, plantas, animales... Ella fue su primera gran maestra. A los nueve años Satish dejó a su familia y se convirtió en monje jain, un peregrino que comía y se vestía de la caridad. A los dieciocho años, tras leer un libro de Gandhi, tuvo un sueño:

«Gandhi se me apareció en sueños. Yo caminaba por el desierto y de repente vi una figura vestida de blanco, que se giró y me dijo: "No permitas que el pájaro esté en la jaula. El pájaro debe volar libre"».

Y Satish abrió su jaula, abandonó a los monjes y se dedicó a estudiar y a recorrer la India. En 1962, Satish y su amigo E. P. Menton decidieron caminar por la paz. Literalmente. Ambos comenzaron su famosa Marcha por la Paz (y contra las armas nucleares), que los llevaría desde India hasta Moscú, París, Londres y Washington. Un viaje de dos años en el que recorrieron más de trece mil kilómetros a pie y sin dinero, aceptando comida y cama de la gente que encontraban. A Satish le llamaron el Peregrino de la Paz.

Cuenta Satish que, de camino a Moscú, se encontraron con dos mujeres y, tras explicarles el motivo de su viaje, una de ellas les dio cuatro bolsitas de té para que se las entregaran a los cuatro líderes mundiales junto con un mensaje: «Cuando pienses que es necesario pulsar el botón, detente un minuto y tómate una taza de té». Satish y Menton consiguieron su propósito y entregaron el «té por la paz» a los líderes de las cuatro potencias nucleares.

¿Cómo podemos llamar civilización a una sociedad que está destruyendo el planeta del cual dependemos?

SEA SHEPHERD

EE. UU., 1977

Érase una vez un capitán pirata. Sin pata de palo y sin loro en el hombro, pero con un barco y muchas ganas de cambiar el mundo. Ese capitán era Paul Watson y fue el fundador de la ONG Sea Shepherd.

Antes de Sea Shepherd, Paul había sido uno de los miembros fundadores de Greenpeace, pero, a los pocos años, abandonó la organización, pues tenía otra opinión sobre cómo debía frenarse la caza de ballenas. Para Greenpeace lo mejor era no interferir con los barcos balleneros y limitarse a tomar fotografías y vídeos con los que luego denunciar sus actividades. Paul prefería la acción directa, lo que significaba interceptar a los barcos balleneros, perseguirlos, darles caza y, en alguna ocasión, hundirlos.

Cuando en 1977 fundó Sea Shepherd, Paul trasladó su forma de pensar a la organización. Desde entonces, La ONG actúa con campañas de acción directa para defender la vida marina y conservar y proteger los océanos del mundo de la explotación ilegal y la destrucción del medioambiente. Desde 1977, los barcos de Sea Shepherd han salvado más de seis mil ballenas de los arponeros japoneses, se han enfrentado a cazadores de focas, confiscando aparejos de pesca ilegal y perseguido a uno de los barcos de caza furtiva más famosos del mundo, el *Thunder*, una persecución que duró ciento diez días hasta que, derrotados, los furtivos hundieron su propio barco.

Paul tenía un grito de guerra: «Se necesita un pirata para detener a un pirata», pero siempre cumpliendo la ley y trabajando en colaboración con organismos como la Interpol, ayudando a llevar a los cazadores furtivos ante la justicia y cooperando con gobiernos nacionales de todo el mundo.

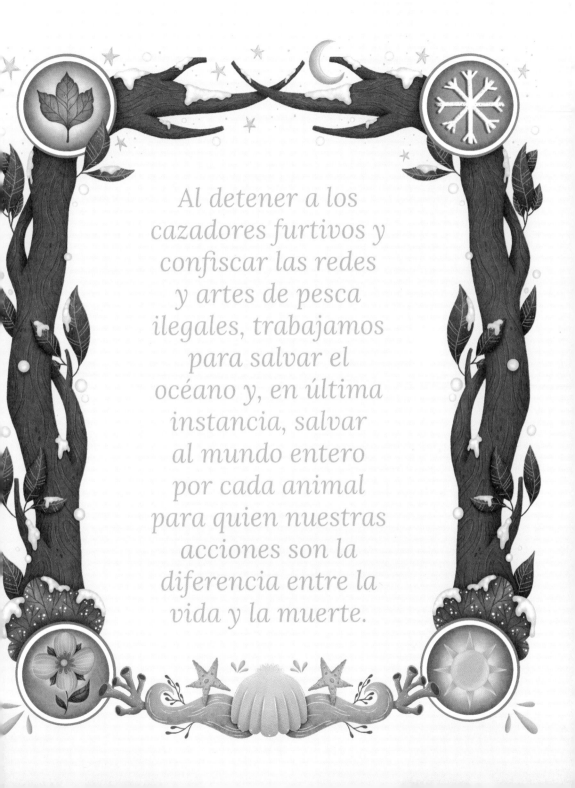

Al detener a los
cazadores furtivos y
confiscar las redes
y artes de pesca
ilegales, trabajamos
para salvar el
océano y, en última
instancia, salvar
al mundo entero
por cada animal
para quien nuestras
acciones son la
diferencia entre la
vida y la muerte.

SEO / BIRDLIFE

MADRID (ESPAÑA), 15 DE MAYO DE 1954

Érase una vez un grupo de científicos y apasionados de las aves que en 1952 visitaron el parque natural de Doñana, que en aquellos años todavía no era un espacio protegido. Su intención era observar y estudiar las aves, pero al llegar allí se dieron cuenta del peligro que acechaba aquel lugar único, pues las explotaciones agrícolas y forestales amenazaban el hábitat natural de los animales. Decidieron escribir al dictador Franco para pedir la creación de una reserva o un parque nacional. Aquel fue el primero de muchos pasos para que Doñana fuera declarado parque natural y marcó la personalidad de la organización que estaba a punto de nacer y su vínculo permanente con la conservación de los humedales y, en especial, de Doñana.

Apenas dos años después, el grupo de científicos fundó en Madrid la Sociedad Española de Ornitología (SEO), y se convirtieron en la ONG conservacionista más antigua de España. A nivel internacional, forma parte de BirdLife International, una federación mundial dedicada a la conservación de la biodiversidad en todo el mundo.

Para los fundadores de SEO, la prioridad eran las aves migratorias y, sobre todo, las aves acuáticas, así que sus primeras acciones se encaminaron a proteger sus hábitats y crear reservas y refugios para la caza migratoria. A diferencia de otras organizaciones ecologistas más centradas en campañas de denuncia a escala mundial, SEO concentra sus esfuerzos en la investigación, conservación y divulgación.

Forma parte de las cinco grandes ONG ambientalistas en España junto con Greenpeace, WWF, Amigos de la Tierra y Ecologistas en Acción.

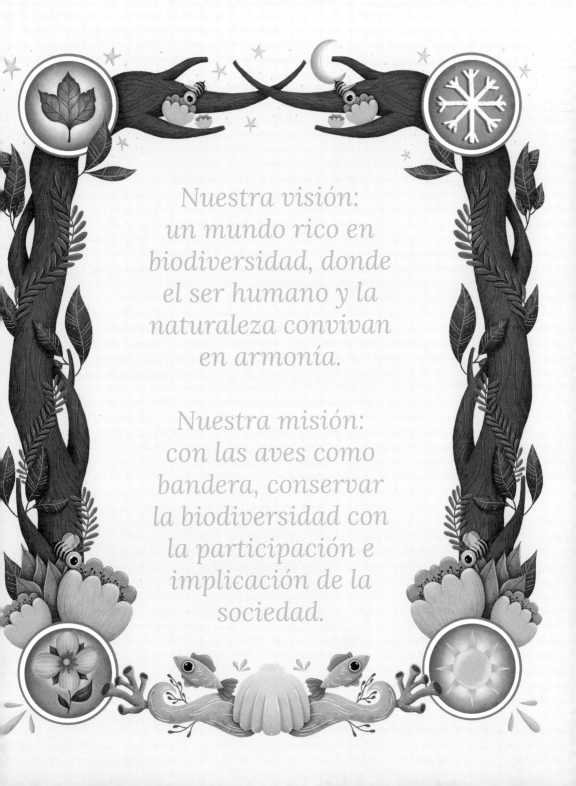

Nuestra visión:
un mundo rico en
biodiversidad, donde
el ser humano y la
naturaleza convivan
en armonía.

Nuestra misión:
con las aves como
bandera, conservar
la biodiversidad con
la participación e
implicación de la
sociedad.

SOCIEDAD PARA LA CONSERVACIÓN DE LOS ➤ ANIMALES FEOS ◄

REINO UNIDO, 2012

Érase una vez un biólogo, presentador de televisión, escritor, cómico, educador..., y érase también un buen número de animales feos, muy feos, a los que nadie prestaba atención.

Ese hombre era Simon Watt y era el fundador y presidente vitalicio de la Sociedad para la Conservación de los Animales Feos (The Ugly Animal Preservation Society). Todos conocemos animales adorables en peligro de extinción: el panda, el tigre, el oso polar... Pero ¿alguien se acuerda del pez borrón o del calamar bocazas? Para llamar la atención sobre todos estos animales en peligro de extinción, Simon y el grupo de biólogos de la Sociedad para la Conservación de los Animales Feos organizaban espectáculos con mucho humor y explicaban la situación de algunos de estos animales de futuro incierto. Su lema era: «¡Si eres feo, al menos sé gracioso!».

Y no se trataba solo de una cuestión estética, en absoluto. Todos los animales son necesarios en el ecosistema de la Tierra, ya que, si una especie desaparece, sea bonita o fea, la biodiversidad del planeta peligra. Por ejemplo, los murciélagos ayudan a controlar las plagas de insectos que transmiten enfermedades o devastan cultivos. El problema es que incluso los científicos prestan poca atención a los animales feos y hay muy pocos estudios que aporten datos importantes como el hábitat, costumbres o posibles amenazas de estos animales, datos necesarios para trabajar en su conservación.

En 2013, la Sociedad para la Conservación de los Animales Feos organizó un concurso en internet para elegir al animal más feo del mundo. Y el ganador fue el pez borrón, que se convirtió en la mascota oficial y emblema de la organización.

Los animales feos también tienen derecho a ser protegidos, ¿no te parece?

No todos podemos
ser pandas.

SOFÍA GATICA

CÓRDOBA (ARGENTINA), 1967

Érase una vez una mujer de origen humilde, dedicada a cuidar de su familia y a su trabajo de elaboración de artesanías. Vivía en un barrio tranquilo rodeado de campos de cultivo de soja, pero esa tranquilidad era solo aparente.

A finales de los noventa, Sofía dio a luz a una hija. Tres días después los riñones del bebé fallaron y la niña falleció. Sofía intuía que algo había causado esa muerte, pero no sabía qué era, así que comenzó a hablar con sus vecinos y comprobó con espanto que había muchos más casos como el suyo, y que eran demasiado frecuentes las malformaciones, cánceres, leucemias y otras enfermedades.

Sofía y otras madres afectadas formaron un grupo llamado las Madres de Ituzaingó. Sospechaban que las enfermedades que sufrían sus hijos eran causadas por el uso indiscriminado de agroquímicos en los campos de soja que rodeaban su barrio, sobre todo del glifosato, un pesticida que la OMS (Organización Mundial de la Salud) ha calificado como «probablemente cancerígeno para los seres humanos». Fueron de puerta en puerta realizando el primer estudio epidemiológico de la zona, y comprobaron que las tasas de cáncer eran cuarenta veces superiores al promedio nacional y que había demasiados casos de enfermedades neurológicas y respiratorias, defectos congénitos y mortalidad infantil.

Las Madres de Ituzaingó comenzaron una campaña para detener la fumigación y organizaron manifestaciones y ruedas de prensa. Se enfrentaron a las grandes compañías agroquímicas y a la inacción de su Gobierno y tras años de protestas consiguieron que se prohibiera la fumigación aérea de agroquímicos cerca de áreas pobladas.

Nuestro plan es unirnos contra las multinacionales que quieren destruir nuestro planeta, reclamar nuestros derechos, que son el derecho a la vida y a un ambiente sano, recurrir a los organismos internacionales y hacer escuchar nuestra voz.

STELLA McCARTNEY

LONDRES (REINO UNIDO), 13 DE SEPTIEMBRE DE 1971

Érase una vez una diseñadora que, mucho antes de que se empezara a hablar de comercio sostenible, consiguió dar una lección ecológica a la industria de la moda.

Stella supo que quería ser diseñadora cuando, con trece años, se confeccionó ella misma su primera chaqueta. Y no solo eso; quería ser famosa y cambiar la manera en la que el mundo de la moda y la alta costura trabajaban con productos de origen animal y materiales tóxicos para el medioambiente.

Después de trabajar para varias firmas de alta costura muy conocidas, Stella consiguió crear su propia empresa y empezó a tomar decisiones que sorprendieron al mundo de la moda: dejó de utilizar cuero, pieles y demás productos de origen animal. Stella era vegana desde niña por influencia de sus padres y era lógico que su compromiso con los animales se viera reflejado en su trabajo. Y siguió decidiendo: materiales alternativos y sostenibles, telas orgánicas, absoluto control de los materiales que se utilizaran sobre cómo y dónde eran fabricados. Para Stella no había excusas: las marcas eran las responsables de los recursos que utilizan y de su impacto en el medioambiente.

El camino hacia una moda ética, sostenible y respetuosa con el medioambiente era largo, Stella lo sabía: conseguir que su empresa fuera 100 % ecológica sería un objetivo a largo plazo. Pero valía la pena: ningún ser humano y ningún animal debería sufrir por culpa de esta industria. Tampoco el planeta.

Creo firmemente que algo es mejor que nada. La cosa más pequeña puede tener un impacto. Todos vivimos en esta tierra con recursos limitados, y todos debemos ser conscientes de cómo consumimos y cómo fabricamos, y la industria de la moda no es diferente a nadie. Todas las industrias deben ser conscientes de cómo avanzan en sus negocios y, lamentablemente, la industria de la moda es increíblemente dañina.

SUNITA NARAIN

NUEVA DELHI (INDIA), 1961

Érase una vez un país de brillantes colores, tradiciones antiguas y hermosos paisajes. Era también un país contaminado y contaminante, con altos índices de pobreza.

Sunita nació y creció en ese país, India. Desde muy joven fue consciente de los terribles contrastes y de los problemas ambientales y económicos que amenazaban la salud y el modo de vida de sus compatriotas y decidió no formar parte del problema, sino de la solución.

En 1982 entró a trabajar en el Centro para la Ciencia y el Medio Ambiente (CSE) y dedicó tiempo y energía en convertir este organismo en un referente de la lucha medioambiental y, sobre todo, utilizar el conocimiento y la educación para lograr el cambio a modelos económicos más sostenibles. El desafío para el CSE era plantear preocupaciones y participar en la búsqueda de respuestas y, lo que es más importante, lograr que las respuestas se convirtieran en políticas y luego en prácticas.

Entre los retos a los que se enfrentó Sunita, uno de los más urgentes y primordiales en India era la contaminación del aire. Según la ONU, catorce de las quince ciudades más contaminadas del mundo estaban en India. Sunita y el CSE participaron activamente en la defensa del control de la contaminación del aire. Sunita pensaba que para solucionar los problemas de la polución era imprescindible reinventar el modelo de crecimiento del mundo occidental y encontrar nuevas formas de generar riqueza. En ese contexto, ella y sus colegas apostaron por el uso del gas natural como combustible para reducir la contaminación. La implementación de gas natural en los autobuses de la capital logró una reducción sustancial de los contaminantes y se convirtió en un modelo para el resto del mundo.

En India hoy el aire es tan mortal
que ni siquiera tenemos derecho a respirar.

SYLVIA EARLE

NUEVA JERSEY (EE. UU.), 30 DE AGOSTO DE 1935

Érase una vez una mujer libre como un pez, hermosa como el océano y fuerte como las olas. Una mujer con el alma del color de los mares a la que todos llamaban «la dama de las profundidades».

Sylvia se enamoró de los secretos que se esconden bajo las olas la primera vez que se sumergió en la costa de Florida, cuando tenía diecisiete años. Desde entonces ha pasado siete mil horas bajo el mar y ha realizado más de cien expediciones por todo el mundo. Fue la primera en explorar lugares en los que ningún ser humano se había sumergido antes, conoció los mares y océanos cuando todavía estaban repletos de vida y el plástico aún no se había convertido en un invasor indeseado.

Sylvia fue la primera mujer en un mundo de hombres y tuvo que pelear duro por hacerse un hueco. Cuando en 1970 fue expulsada de un programa científico únicamente por ser mujer, decidió organizar su propia expedición a las Islas Vírgenes, la Tektite II, integrada únicamente por mujeres. Durante dos semanas, Sylvia y su equipo vivieron a diez metros de profundidad para probar la viabilidad de los laboratorios submarinos y su impacto sobre la flora y la fauna. Cuando años más tarde regresó a ese mismo lugar, lo que vio la dejó impactada: los fondos estaban arrasados, no había nada, era un desierto submarino.

Desde entonces, Sylvia se empeñó en concienciar al mundo sobre la importancia de la conservación del océano, y para lograrlo difunde sus reportajes y documentales en televisiones, revistas y canales como YouTube. Es la autora del documental *Misión Azul*, en el que se muestra el impacto de la contaminación de los océanos. Sylvia es, tal como declaró la revista *Time* en 1998, un «Héroe del Planeta».

La especie humana es dependiente de los océanos
al igual que cualquier especie marina.

TAMARA GUERRERO

MADRID (ESPAÑA), 1991

Érase una vez una mujer que trabajaba entre brochas, maquillajes, pintalabios y cosméticos, y un día se dio cuenta de que la mayoría de esos productos estaban fabricados con ingredientes de origen animal y eran testados en animales. Y, en aquel momento, su vida tomó un nuevo rumbo.

A Tamara en las redes sociales la conocen como Asami y hace unos años comenzó a investigar sobre cosmética vegana y el concepto *cruelty-free* (productos que no dañan a animales). Al principio su preocupación por los animales se limitaba a artículos y temas profesionales y, poco a poco, fue adoptando un modo de vida vegano completo.

Ser vegano no significa simplemente dejar de comer animales; va mucho más allá de los alimentos. Los veganos también se preocupan de que la ropa, los cosméticos, los productos de higiene y todo lo que utilices en tu día a día no estén confeccionados o fabricados con productos de origen animal. Es un estilo de vida ético y respetuoso con los animales y con el planeta.

Cuando Tamara comenzó a indagar, se dio cuenta de que era muy complicado identificar los ingredientes y materiales de origen animal, pues las marcas comerciales no siempre eran totalmente transparentes en su comunicación con los consumidores, pero no se desanimó y preguntó, consultó, investigó y volcó todo este trabajo en sus redes sociales, en las que informa sobre qué productos son veganos *cruelty-free* y advierte de las marcas que mienten sobre tan importante tema.

Un producto eco-friendly es aquel que ha sido diseñado
y fabricado para no dañar el medioambiente y que
ofrece una alternativa para mejorarlo, como, por ejemplo,
que no contenga microplásticos o que el envase sea de vidrio,
que sea reutilizable o compostable.

TASSO AZEVEDO

BRASIL

Érase una vez un estudioso de los bosques decidido a frenar la deforestación del Amazonas. Dirigió su lucha desde los despachos del Gobierno de Brasil y logró cambiar lo que parecía imposible.

Tasso se incorporó al equipo de Gobierno del presidente Lula y fue el principal responsable de implementar el plan nacional para combatir la deforestación, un plan que consiguió reducir en un 75 % la deforestación en la selva amazónica.

Para lograrlo, cambiaron la manera en la que se había trabajado hasta entonces. Tasso y sus compañeros sabían que el primer gran problema era la corrupción. Si enviaban a un agente al lugar donde los madereros ilegales actuaban, estos le sobornarían y la tala continuaría. Lo que hicieron fue controlar la selva vía satélite, de manera que sabían, en tiempo real, dónde se estaba produciendo la tala ilegal. Entonces, acudían a la zona acompañados de prensa y policía para detener a los madereros, y evitaban los sobornos gracias a la difusión en los medios de comunicación. La madera requisada se vendía a empresas con certificación ecológica y el dinero se utilizaba para financiar proyectos de ayuda a las comunidades indígenas afectadas por la tala ilegal.

El siguiente paso fue responsabilizar a todas las empresas que se aprovechaban de la tala ilegal. Por ejemplo, un supermercado que vendía carne de las vacas procedentes de la ganadería que se había establecido en las tierras desforestadas gracias a subvenciones de bancos... Todos ellos (supermercados, ganaderías, bancos...) pasaron a ser considerados responsables y podían enfrentarse a multas y penas de prisión.

Sin duda, la acción gubernamental es clave para lograr resultados en la lucha por el cambio climático, el calentamiento global y, en general, el medioambiente.

El futuro no es inevitable, sino la consecuencia de las elecciones que hacemos día a día.

VANDANA SHIVA

DEHRADUN (INDIA), 5 DE NOVIEMBRE DE 1952

Érase una vez una niña india que era hija de un guardabosques y una granjera. Se llamaba Vandana y vivía en un pequeño pueblo en la falda del Himalaya, rodeada de árboles, ríos y pastos. Desde muy pequeña, Vandana sintió una conexión especial con la naturaleza y se convirtió en su gran defensora.

A los veinte años participó en el movimiento Chipko (que significa «abrazar» en hindi), formado sobre todo por mujeres campesinas que querían impedir la tala de los bosques del Himalaya. Vandana y las demás mujeres se abrazaron a los árboles y de esta manera consiguieron impedir que los cortaran. Al salvar a los árboles evitaron que se siguieran produciendo las inundaciones y los desprendimientos de tierra que tanto daño estaban haciendo a su pueblo.

Cuando terminó sus estudios de Física y Filosofía de la Ciencia en Canadá, regresó a la India y creó la Fundación para la Investigación Científica, Tecnológica y Ecológica de Nueva Delhi, donde puso en marcha el programa Navdanya (que significa «nueve cultivos»). Su objetivo era apoyar a los agricultores locales y conservar las semillas y cultivos ancestrales que estaban en peligro de desaparecer debido a que las grandes compañías preferían utilizar semillas modificadas genéticamente, fertilizantes químicos y pesticidas. Gracias a Navdanya, se han conservado más de dos mil variedades de arroz y se ha desarrollado la agricultura ecológica.

Vandana se convirtió también en una de las creadoras del ecofeminismo, pues creía que las mujeres son imprescindibles para guardar y cultivar las semillas, mantener vivo el suelo y sanar el clima y el planeta.

Somos suelo, somos tierra. Lo que hacemos al suelo,
nos lo hacemos a nosotros mismos.

VIVIR SIN PLÁSTICO

PATRI Y FER: PATRICIA REINA (CÓRDOBA, 1982) Y FERNANDO GÓMEZ (MADRID, 1966) VIVIR SIN PLÁSTICO (BLOG), AGOSTO DE 2015

Érase una vez una pareja como cualquier otra... Hasta que un día tomaron una decisión que los convirtió en una pareja extraordinaria.

Patri y Fer eran personas responsables, preocupadas por el medioambiente que trataban de generar el menor número de residuos posible. Pero cada vez que tiraban los plásticos al contenedor de reciclaje se sentían culpables. Eran demasiados. Así que a Patri se le ocurrió una idea: «¿Por qué no intentamos vivir sin plástico?». Parecía imposible y muy complicado, pero la idea de contribuir a contaminar un poquito menos el planeta los llenaba de ilusión y, en agosto de 2015, comenzaron su aventura.

Y es que Patri y Fer eran muy conscientes de que reciclar ya no era suficiente. Nuestro mundo genera doscientas veintiocho mil toneladas de basura cada hora, de las cuales solo se recicla el 19 %. De seguir así, en 2050 habrá más de doce mil millones de toneladas de basura en el agua y en los vertederos. Estamos convirtiendo el planeta en basura..., literalmente.

Patri y Fer decidieron ir paso a paso. La primera semana guardaron todos los plásticos que habían utilizado para saber realmente cuántos había y de qué productos se trataba. Solo siendo conscientes de lo que compraban podrían buscar alternativas. Y a partir de ahí tocaba cambiar hábitos de consumo: comprar alimentos y productos de limpieza en tiendas a granel, cambiar tuppers por tarros de vidrio, papel de cocina por trapos, estropajos por luffa, etc. Y, así, han conseguido meter en un frasco de un litro todo el plástico que han generado en dos años.

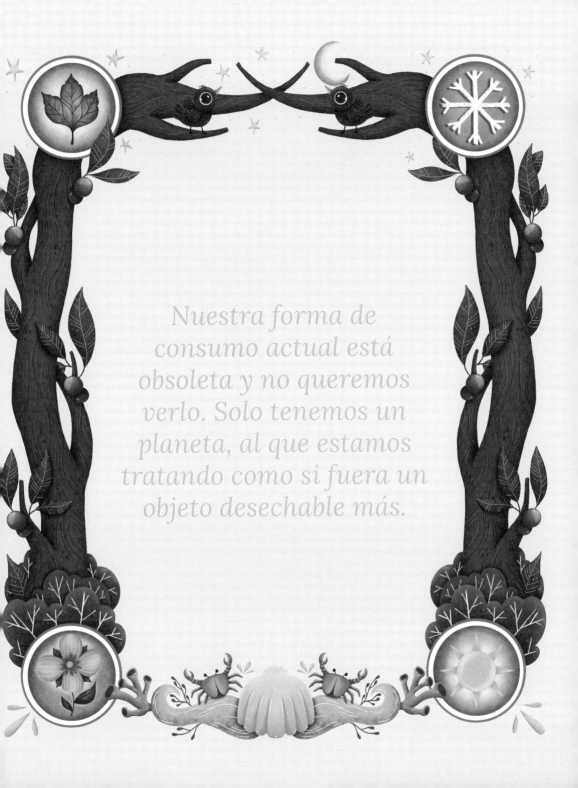

Nuestra forma de consumo actual está obsoleta y no queremos verlo. Solo tenemos un planeta, al que estamos tratando como si fuera un objeto desechable más.

WANGARI MAATHAI

TETU (KENIA), 1 DE ABRIL DE 1940 – 25 DE SEPTIEMBRE DE 2011

Érase una vez una pequeña aldea en Kenia, donde las familias kikuyu vivían en cabañas de barro sin electricidad ni agua corriente. Desde su ventana, Wangari veía su amado monte Kenia, la «montaña brillante», un lugar sagrado para su gente.

Como todas las mujeres kikuyu, Wangari pasó su infancia dedicada al cultivo de la tierra, traer agua, ordeñar los animales y realizar las tareas del hogar. A pesar de todo ese trabajo, aún le quedaba energía para ir a la escuela y gracias a sus buenas notas le concedieron una beca para estudiar en Estados Unidos, donde se licenció en Biología.

Cuando Wangari regresó a su país comprobó con tristeza que ya no quedaba nada de los felices y hermosos recuerdos de su infancia: el río de agua limpia donde jugaba con los renacuajos, la costumbre de contar cuentos junto al fuego… Ya no había árboles, los ríos estaban secos y sucios, y las tradiciones que conoció habían desaparecido casi por completo.

Decidida a provocar un cambio y devolver a su hogar parte de su belleza, Wangari creó el Movimiento Cinturón Verde y, tras años de trabajo, consiguió reunir a más de dos mil grupos de mujeres africanas, que plantaron más de cuarenta y siete millones de árboles. Además, el Movimiento Cinturón Verde ayudó a la creación de miles de empleos y a fortalecer la imagen de la mujer en la sociedad del país.

En 2004, Wangari recibió una noticia muy especial: le concedían el Premio Nobel de la Paz. Ella se echó a llorar, pues ya no se sentía sola en su lucha, y celebró la noticia plantando un árbol, hundiendo sus manos en la tierra y levantando la vista hacia el monte Kenia, la tierra sagrada de sus antepasados.

Hasta que no caves un agujero, plantes un árbol, lo riegues y lo hagas sobrevivir, no has hecho nada. Solo estás hablando.

WWF

GLAND (SUIZA), 29 DE ABRIL DE 1961

Érase una vez un príncipe, un biólogo, un ornitólogo y otros trece líderes conservacionistas del mundo que, en 1961, decidieron unir sus esfuerzos en la lucha por el medioambiente y fundaron la World Wildlife Fund (Fondo Mundial para la Vida Salvaje).

La World Wildlife Fund, conocida por sus siglas WWF, nacía con la intención de recaudar fondos para apoyar el movimiento de conservación del medioambiente y favorecer la investigación y defensa ambiental. Eligieron como logo e imagen de la organización a Chi-Chi, un oso panda gigante que había llegado al zoo de Londres en 1961, el mismo año en que se creó WWF. El logo fue diseñado por sir Peter Scott, uno de los fundadores de WWF e hijo del capitán Scott, el explorador británico que se adentró en el Polo Sur. La imagen del panda se ha convertido en un símbolo mundial de protección y amor a la naturaleza.

La WWF es una de las organizaciones conservacionistas independientes más grandes del mundo. Trabaja en más de cien países, tiene más de cinco millones de miembros y entre sus socios se encuentran la Organización de las Naciones Unidas (ONU), la Unión Internacional para la Conservación de la Naturaleza (UICN) y la Comisión Europea. La WWF gestiona cerca de ciento cincuenta millones de euros en fondos para apoyar la labor conservacionista alrededor del mundo.

Los fundadores de WWF se habían propuesto una misión, un objetivo que continúa hoy en día: detener la degradación ambiental del planeta y forjar un futuro en el que los seres humanos vivamos en armonía con la naturaleza.

Cambiar
a energías
renovables no
es solo la mejor
opción. Es nuestra
única opción.

YACOUBA SAWADOGO

BURKINA FASO, 1946

Érase una vez un desierto que avanzaba implacable devorando cultivos, matando animales y obligando a hombres y mujeres a abandonar sus tierras. Lo que el desierto no sabía era que entre esas gentes había un hombre capaz de vencerlo.

En los años ochenta, Burkina Faso sufrió una de las peores sequías que se recuerdan: las cosechas se perdieron y miles de personas, sobre todo de zonas rurales, murieron de hambre. Yacouba trabajaba entonces en los mercados de la ciudad y hacía un tiempo que se había dado cuenta de que el clima estaba cambiando y que no llovía como cuando él era un niño. Al ver la miseria y el hambre que se extendían por el país, decidió volver a su aldea. Tenía una idea para hacer que el desierto volviera a ser fértil.

Yacouba recuperó una de las técnicas de cultivo de sus antepasados: los agujeros «Zaï». Este sistema consistía en excavar agujeros de treinta centímetros de profundidad que se llenaban después de estiércol y residuos biodegradables; el estiércol atraía a las termitas, que a su vez construían sus propios túneles, de manera que la tierra se aireaba y se nutría mucho más que con un solo agujero. Se conseguía también que el agua permaneciera más tiempo en la tierra. Además, Yacouba plantó árboles en los límites de sus cultivos para favorecer la humedad, bajar la temperatura del suelo y ayudar a regular el clima.

Le llamaron loco y soñador, pero, finalmente, para sorpresa de todos, el desierto se convirtió en una tierra fértil. El rendimiento de los cultivos mejoró hasta en un 500 % y los árboles crecieron fuertes en aquella tierra árida. Yacouba enseñó su método a otros agricultores de Burkina Faso, Níger, Mali y Senegal, y logró que numerosas hectáreas de tierra volvieran a ser fértiles.

Lo que he hecho es para las generaciones futuras. Quiero que vean una tierra verde en lugar de como era en el pasado.

YEVGENIYA CHIRIKOVA

MOSCÚ (RUSIA), 12 DE NOVIEMBRE DE 1976

Érase una vez una joven familia rusa que se mudó a la pequeña ciudad de Khimki, al norte de Moscú, para que sus hijas pudieran crecer más cerca de la naturaleza. La familia de Yevgeniya disfrutaba con largas y tranquilas caminatas en el cercano bosque de Khimki, conocido como los «pulmones verdes de Moscú».

El bosque de Khimki es uno de los últimos bosques antiguos de la región y alberga una gran cantidad de vida silvestre, incluidas numerosas especies de plantas y animales amenazadas. Pero un día, durante uno de esos paseos, Yevgeniya descubrió varios árboles marcados con una equis roja: los árboles iban a ser talados. Aquella era un área protegida, así que, cuando Yevgeniya se enteró de que el Gobierno ruso había planeado la construcción de una autopista que cruzaba su amado bosque, dejó su trabajo de ingeniera, formó el grupo Defensa del Bosque de Khimki y comenzó un movimiento de oposición al proyecto de la autopista.

Yevgeniya descubrió y denunció que todo el proyecto estaba rodeado de corrupción, negocios oscuros, ilegalidades, enriquecimiento de la clase política, etc. Pese a los continuos esfuerzos del Gobierno de Putin para reprimir el movimiento, Yevgeniya logró obtener un amplio apoyo. El primer mitin del bosque de Khimki reunió a cinco mil personas, una de las mayores protestas ambientales públicas en la historia de Rusia, y reunió también más de cincuenta mil firmas.

A pesar de ganar un prestigioso premio internacional por su campaña en defensa del bosque de Khimki, Yevgeniya no pudo detener la construcción de la autopista; sin embargo, los planes originales fueron modificados y, como resultado, el área afectada fue mucho menor.

Lo más importante es que nuestro movimiento demostró a otros rusos que es posible luchar contra la injusticia, denunciar la corrupción y obligar a que las autoridades rindan cuentas.

350.ORG

EE. UU., 2008

Érase una vez un hombre y un número mágico. El número más importante del mundo: 350. Ese hombre era Bill McKibben, ecologista y escritor estadounidense, autor de *El fin de la naturaleza*, considerado el primer libro de divulgación científica sobre el cambio climático.

Bill llevaba tiempo escribiendo libros y artículos sobre el cambio climático y organizando campañas para concienciar a los gobiernos, hasta que en 2008, junto con un grupo de amigos de la universidad, decidió fundar 350.org con el objetivo de crear un movimiento climático global.

No eligieron ese número por capricho. 350 se refiere al límite máximo de dióxido de carbono (CO_2) en la atmósfera que los científicos han determinado como un nivel seguro: 350 partes por millón (ppm). En la actualidad, la atmósfera ya tiene más de 400 ppm de CO_2 y continúa subiendo aproximadamente 2 ppm cada año. Si no podemos volver a 350 ppm, el daño del cambio climático que ya estamos notando continuará y se acelerará. Por eso 350 es más que un número: es un símbolo de hacia dónde debe dirigirse el planeta.

El 24 de octubre de 2009, 350.org organizó un «Día Internacional de la Acción Climática» para presionar a los asistentes a la reunión de la Convención Marco de las Naciones Unidas sobre el Cambio Climático (UNFCCC). Fue la primera campaña global realizada en torno a un dato científico e incluyó acciones en todo el planeta, como representaciones gigantes del número 350, cenas libres de carbono, adaptación de viviendas para ahorrar energía, marchas, manifestaciones en bicicleta, conciertos, plantaciones de árboles, inmersiones submarinas, tañidos de campanas y un largo etcétera.

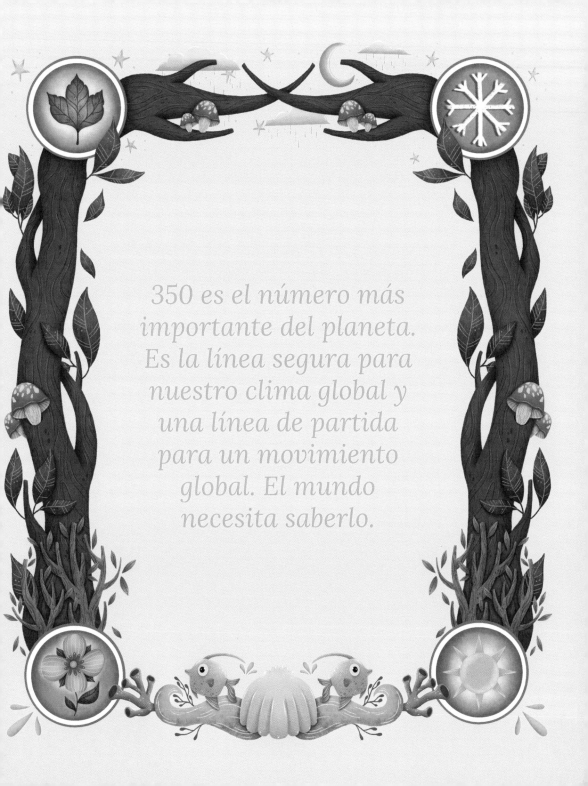

350 es el número más importante del planeta. Es la línea segura para nuestro clima global y una línea de partida para un movimiento global. El mundo necesita saberlo.

YO, TÚ, TODOS

PLANETA TIERRA

Érase una vez un planeta azul, habitado por siete mil quinientos millones de personas. Algunas de esas personas pensaban que el planeta era suyo, se sentían dueños de las plantas, los animales, los árboles, el aire, los océanos... Creían que los recursos de la Tierra eran inagotables, se consideraban a sí mismos como la especie más evolucionada del planeta y tenían derecho a reinar sobre las demás criaturas.

Puede que seamos la especie más evolucionada, pero, desde luego, no somos la más inteligente, pues una especie inteligente no arrastraría su hogar a la destrucción. Por suerte, cada vez son más las personas que alzan la voz para reivindicar su derecho a heredar un planeta limpio, fértil, justo y sostenible.

Aún estamos a tiempo de cambiar el destino del planeta, solo hace falta una cosa: que tú también te unas a este movimiento de cambio global.

Si no sabes por dónde empezar, aquí tienes algunas ideas:

- Evita el uso de bolsas de plástico.
- Utiliza bombillas LED.
- Evita el uso de productos desechables como pajitas, platos, vasos, cubiertos...
- Compensa tu huella de carbono. Planta árboles.
- Usa la bici, el transporte público o camina para moverte por tu pueblo o ciudad.
- Hazte vegetariano uno o dos días a la semana.
- Apaga las luces de tu casa.
- Consume productos de proximidad y de temporada.
- Reduce el desperdicio de alimentos.
- Cierra el grifo mientras te cepillas los dientes.
- Recicla, reutiliza, pero sobre todo REDUCE.
- Mantén la calefacción entre 19 y 21 °C.
- Mantén el aire acondicionado entre 24 y 26 °C.
- Apaga el ordenador por las noches.
- Usa baterías recargables. No más pilas.

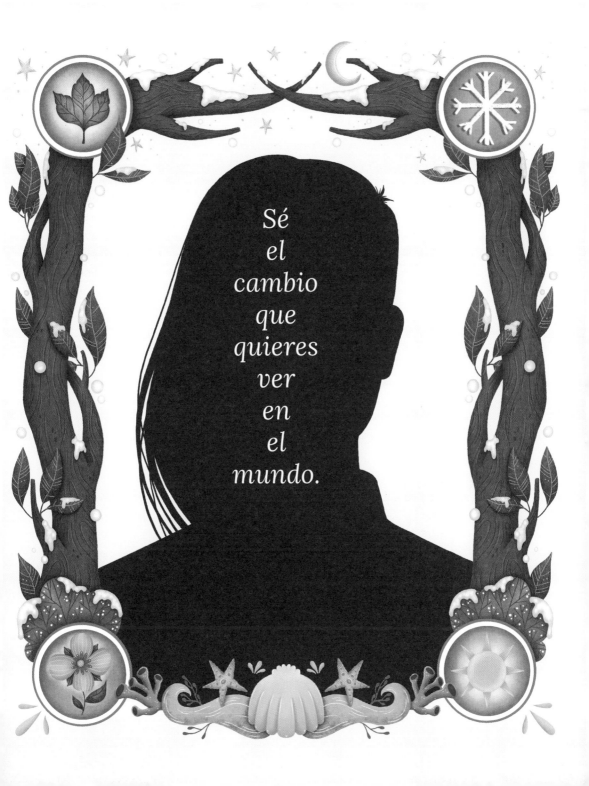

Sé
el
cambio
que
quieres
ver
en
el
mundo.

ACUERDO DE PARÍS

1. Objetivo

- Mantener el incremento de la temperatura media del planeta muy por debajo de 2°C respecto a los niveles preindustriales.

- Los países se comprometen a llevar a cabo todos los esfuerzos necesarios para que el incremento no rebase los 1,5° C, reconociendo que así se reducirían considerablemente los riesgos y los efectos del cambio climático.

2. Forma legal

- El Acuerdo de París es legalmente vinculante, y los objetivos nacionales de reducción de emisiones y lucha contra el cambio climático los establece cada país.

3. Cumplimiento

- No habrá sanciones.

- Sí habrá mecanismos de seguimiento para controlar que se cumplan los acuerdos y objetivos nacionales.

4. Daños irrecuperables

- Los países reconocen la necesidad de medidas de apoyo ante pérdidas irrecuperables debidas a los efectos adversos del cambio climático.

- No se concretan las indemnizaciones ni se detalla ninguna herramienta financiera para abordarlo.

5. Transparencia

- Cada país deberá informar a los demás gobiernos y a la ciudadanía sobre sus avances.

- Deberán asimismo evaluar los avances hacia la consecución del objetivo a largo plazo mediante un sólido mecanismo de transparencia y rendición de cuentas.

6. Reducción de emisiones

- Alcanzar el nivel máximo de emisiones lo antes posible y, a partir de ese momento, reducirlo rápidamente hasta conseguir la neutralidad de carbono (cero emisiones netas).

- 187 países de los 195 que forman parte de la Convención de cambio climático de la ONU han entregado compromisos nacionales de lucha contra el cambio.

7. Meta a largo plazo

- Los países se comprometen a lograr un equilibrio entre los gases emitidos y los que pueden ser absorbidos en la segunda mitad de siglo.

8. Revisión

- Revisión, al alza, de los compromisos de reducción cada cinco años.

9. Mecanismo de mercado

- Los países podrán usar herramientas como la compraventa de emisiones y la fijación del precio del carbono para cumplir sus objetivos.

10. Financiación

- Los países desarrollados deben contribuir a financiar la mitigación y la adaptación en las naciones en desarrollo.

- Las naciones ricas deberán movilizar un mínimo de 100.000 millones anualmente desde 2020 para apoyar la mitigación y adaptación, y para revisar al alza esa cantidad antes de 2025.

11. Entrada en vigor

- Cuando al menos 55 partes, que sumen el 55 % de las emisiones globales, lo hayan ratificado.

LÍNEA DEL TIEMPO

1972 → **Cumbre de la Tierra de Estocolmo (Conferencia de Naciones Unidas sobre el Medio Humano).**

1979 → **Primera Conferencia Mundial sobre el Clima, convocada por la Organización Meteorológica Mundial (OMM).**

1988 → **Grupo Intergubernamental de Expertos sobre el Cambio Climático (IPCC).**

1991 → **Primera reunión del Comité Intergubernamental de Negociación.**

1992 → **Cumbre de la Tierra de Río de Janeiro (Brasil).**

1994 → **Entra en vigor la CMNUCC* (Convención Marco de las Naciones Unidas sobre el Cambio Climático).**

1997 → **Protocolo de Kioto (Japón) en la COP3**.**

* La CMNUCC (Convención Marco sobre Cambio Climático) es el foro internacional en que se llevan a cabo las actuaciones y negociaciones en materia de lucha contra el cambio climático. Ha sido ratificada por 195 países, España entre ellos. Todos ellos son partes de la convención.

** La COP es la Conferencia de las Partes. Es el órgano supremo de la Convención, es decir, su máxima autoridad con capacidad de decisión, y es una asociación de todos los países que son Partes en la Convención. La cifra que acompaña a las siglas corresponde al número de conferencia correspondiente.

2001 → **Acuerdos de Marrakech (Marruecos) en la COP7.**

2005 → **Entrada en vigor del Protocolo de Kioto (Japón).**

2009 → **Acuerdo de Copenhague (Dinamarca) en la COP15.**

2010 → **Acuerdos de Cancún (México) en la COP16.**

2011 → **Plataforma de Durban (Sudáfrica) para una Acción Reforzada en la COP17.**

2012 → **Enmienda de Doha (Catar) al Protocolo de Kioto.**

2014 → **La COP20 se celebra en diciembre en Lima (Perú).**

2015 → **Acuerdo de París (Francia) en la COP21.**

2019 → **Conferencia de las Partes (COP25) sobre el cambio climático en Madrid.**

Fuente: CMNUCC (Convención Marco de las Naciones Unidas sobre el Cambio Climático). Puedes ampliar la información en su web.

ESTE LIBRO SE TERMINÓ DE IMPRIMIR
EN EL MES DE FEBRERO DE 2020.

31901065991806